Karin & André Niedostadek

Blaue Glücksorte im Münsterland

Fahr raus & tauch ein

Dieses

Glücksbuch

ist für

Liebe Glücksuchende,

bereits beim Verfassen unseres Buches „Glücksorte in Münster“ waren wir überrascht, wie viele blaue Glücksorte diese wundervolle Stadt bietet. Angefangen vom bekannten Aasee und den Rieselfeldern über das Wasserwerk Hohe Ward und die Westerholtsche Wiese bis hin zur Fischbrathalle in der Altstadt, um hier nur einige zu nennen. Wie muss es da erst um die Region bestellt sein, der Münster ihren Namen gegeben hat? Und richtig! Das Münsterland ist nicht nur grün, sondern es schimmert zugleich in allerlei Blautönen. Und das sogar mit anerkannter Glücksauszeichnung: Im „Glücksatlas 2023“ schaffte es das Münsterland wieder in die Top 3 – und das deutschlandweit! Was liegt also näher, als hier dem Glück einmal aus einer besonderen Perspektive genauer nachzugehen?
Die in diesem Buch präsentierten 80 sehens- und oft auch schützenswerten blauen Glücksorte reichen von A wie Aa bis Z wie Zwillbrocker Venn. Der kleine Brunnen um die Ecke hat dabei ebenso Platz wie der Hotspot mit Action-Garantie. Klassiker stehen dabei neben kaum Bekanntem.
Wir hoffen, dass Sie die Reise zu den hier vorgestellten Blauen Glücksorten im Münsterland genauso genießen, wie wir es getan haben. Vor allem aber, dass Sie bei alldem stets Ihre eigenen Glücksmomente finden.

Karin & André Niedostadek

Deine Glücksorte ...

... noch mehr Glück für dich

Glücklich aufgeblüht!

1 Der Blumenbrunnen am rock'n'popmuseum

„Blüten und Bücher, die großen Seelentröster", so hat es die US-amerikanische Schriftstellerin Emily Dickinson einmal auf den Punkt gebracht. Ein farbenfroher Strauß Blumen vermittelt zweifellos Glücksgefühle. Wie wäre es aber mal mit einem leuchtend bunten Blumenstrauß der ganz anderen Art? Auf dem ehemaligen Landesgartenschaugelände in Gronau ist so einer zu sehen.
2003 wurde das frühere Areal einer Spinnerei zum Inselparkgelände verwandelt. Der Eschbach durchzieht den Park und auf dem Mathieu-van-Delden-Platz locken verschiedene Wasserspiele und ein Wasserlabyrinth. Wassergaudi hoch zwei. Ebenfalls hier zu finden: das über die Region hinaus bekannte rock'n'popmuseum, das dem bekanntesten Sohn der Stadt gewidmet ist: Udo Lindenberg. Anders als es sein Alter Ego in einem bekannten Song besingt – „Hoch im Norden, hinter den Deichen bin ich geboren" –, stammt Panik-Udo aus Gronau.
Und dann ist da – beinahe etwas am Rande gelegen – ein Brunnen, der sich gleich in mehrfacher Hinsicht blauer Glücksort nennen darf. Wegen des Wassers natürlich und auch wegen der (nicht nur) blauen Farbe. Ein Blumenbrunnen. Gestaltet nach einem Entwurf von Schülerinnen und Schülern eines Gronauer Gymnasiums. Ein Heimatprojekt sozusagen. Und der Clou sind – passend zum Umfeld – die poppigen Farben. Pop Art mal anders verstanden. Leuchtendes Rot, Blau, Grün und Gelb lassen den Brunnen regelrecht erstrahlen. Ein „Pop-pourri" der guten Laune allein schon beim Anblick. Und wie wunderbar er gearbeitet ist. Man erkennt die Blütenblätter, den Blütenkelch, die Stempel und Staubbeutel der bunten Blumen genau. Im Brunnenbecken finden sich dann die Farben wieder. Beinahe möchte man den Brunnen wie einen Blumenstrauß mit nach Hause nehmen und sich dort daran erfreuen. Schade, dass es das Ensemble nicht in Miniatur gibt. Also einfach noch etwas bleiben und den Anblick genießen.

TIPP

Der längste Brunnen der Stadt ist der Gronaubrunnen mit seinem Wasserlauf in der Schulstraße.

● Blumenbrunnen LAGA Gronau, Lenne-Straße 6, 48599 Gronau
www.gronau-inside.de
● ÖPNV: RB 51, RB 64, Bahnhof Gronau (Westf)

Leinen los!

2

Der Hafenkai in Münster

Mit Glücksorten ist das so eine Sache. Was einige happy macht, lockt andere nicht hinter dem Ofen hervor. Glück ist eben individuelles Erleben. Auch Glücksorte selbst sind oft wandelbar. Nicht selten haben sie sich erst durch Veränderung (wieder) dazu entwickelt. Ein schönes Beispiel dafür: die alten Häfen in vielen Städten. Oft jahrzehntelang mehr oder weniger brachliegend, entpuppten sie sich eher als „Lost Places" denn als „Happy Places". Bis zu ihrer Wiederentdeckung. Ein bisschen war es auch beim Hafen in Münster so.

In der Blütezeit legten hier über 4000 Schiffe jährlich an und löschten ihre Ladung. Dann aber wurde das immer weniger rentabel und so kam es, wie es kommen musste: 2012 schipperte hier das letzte Frachtschiff durch den inzwischen eher tristen Hafen. Doch in Münster erkannte man beizeiten die Signale. Und so mauserte sich Münsters Stadthafen 1 zum Kreativkai. Viele Unternehmen haben hier inzwischen ihre Büros. Hinzugekommen ist eine Gastronomie, die in alten Speichern und Fabrikteilen, vor allem aber auch in zahlreichen modernen Gebäuden vor Anker gegangen ist. Und das direkt am Wasser. Zudem finden sich ganz in der Nähe, nur eine kleine Welle entfernt, weitere Locations, die weit über die Stadtgrenzen hinaus ihr Publikum anziehen. Sei es das große Cineplex-Kino, die traditionsreiche Jovel Music Hall, das Wolfgang Borchert Theater oder aber die Rote Lola.

TIPP

Wahrzeichen des Hafens sind der „Elefant" und die „Giraffe", eine alte Schüttvorrichtung und ein Kran.

Doch nicht nur an, sondern auch auf dem Wasser zeigt sich das Glück: Die über die Region hinaus bekannte MS Günther hat hier ihren Anlegeplatz. Und die Geschichte hinter diesem Event- und Kulturschiff ist ja ebenfalls ein Glücksfall, wurde das Projekt doch erst mit einem Millionengewinn bei Günther Jauch möglich gemacht! Das Schiff wurde von Jauch höchstpersönlich getauft und trägt stolz seinen Vornamen. Münsters Hafen – ein Ort, der ohne Zweifel ungezählte Glücksstunden für sich verbuchen kann und ganz gewiss noch viele verbuchen wird.

- Hafenkai Münster, 48155 Münster
- ÖPNV: Bus 6, 8, 17, Haltestelle Stadtwerke A/Hafen

Treppauf, treppab

3 Die Fischtreppe in Ramsdorf

Mensch und Natur – nicht immer eine Beziehung, die von Glückseligkeit geprägt ist. Eingriffe in die Landschaft, die früher ihre Berechtigung gehabt haben mögen, werden heute mitunter anders beurteilt. Wo Lebensräume von Pflanzen und Tieren eingeschränkt wurden, ist man zusehends bemüht, wieder einen Weg zurück zu finden. Letztlich zum Wohl der Natur – und auch des Menschen selbst.

Ein sehenswertes Beispiel dafür ist die im Jahr 2022 eingeweihte Fischtreppe an der Bocholter Aa in Ramsdorf. Die Bocholter Aa entsteht einige Kilometer östlich aus den drei Bächen Thesingsbach, Vennbach und dem Schwarzen Bach. Sie schlängelt sich anschließend über Ramsdorf, Borken, Rhede und Bocholt bis in die Niederlande, wo die Aa dann bei Ulft in die Oude IJssel mündet. Ein länderübergreifendes Flüsschen sozusagen. Und das nicht nur zu Wasser, sondern auch zu Land, denn entlang der Aa wurde ein fast 60 Kilometer langer Radweg angelegt, der beide Länder verbindet. Mehr als 40 sogenannte Lauschpunkte vermitteln allerlei Wissenswertes über größere und kleinere Besonderheiten längs der Route. Fast schon verwunderlich, dass die Fischtreppe (noch) keinen eigenen Lauschpunkt bekommen hat. Verdient hätte sie es allemal. Die Fischtreppe in Ramsdorf ist tatsächlich etwas ganz Besonderes. Sie ermöglicht es nicht nur Fischen, sondern auch Kleintieren, das Wehr als künstliche Wanderbarriere zu überwinden. Dazu sind immerhin fast 3 Meter Höhenunterschied zu meistern. Was für ein Kraftakt. Richtig augenfällig ist auch ein eingebautes großes Glasfenster. Wer zur Zeit der Fischwanderung vor Ort ist und – auch das gehört dazu – Glück hat, kann, wie eine Bildtafel verrät, vom Aal über den Döbel und den Hecht bis zum Zander allerlei Fische direkt vor den eigenen Augen vorbeischwimmen sehen. Sicher ein unvergessliches Erlebnis, das an eine Art Freilichtaquarium erinnert.

TIPP

Eine Einkehrmöglichkeit bietet der Gasthof Rave mit seinem Biergarten direkt am Fluss.

- Fischtreppe Bocholter Aa, Mecklenbecker Mühlenweg 2, 46342 Velen (Ortsteil Ramsdorf)
- ÖPNV: Bus R51, Haltestelle Ramsdorf Ortsmitte

Blütenzauber

4 Rund um die Nepomukbrücke in Rheine

Bei einer Sammlung von blauen Glücksorten dürfen Brücken natürlich nicht fehlen. Manchmal sind sie es erst, die es ermöglichen, Glücksorte zu erreichen. In anderen Fällen sind sie selbst Glücksorte. Ein Hoch auf die Brücken! Eine Brücke, die sich in diese Reihe zurecht einfügt, ist die Nepomukbrücke über die Ems in Rheine. Sie ist im wahrsten Sinne des Wortes verbindend. Und das nicht nur, weil sie die beiden Stadtteile seitens der Ems zusammenbringt.
Benannt wurde die Brücke nach dem böhmischen Priester und Märtyrer Johannes von Nepomuk, dem Schutzheiligen und Patron von Brücken, des Beichtgeheimnisses, der Schiffer und Flößer und überhaupt bei Wassergefahren. Na, wenn das kein erster Glücksaspekt ist. Eine Statue des Heiligen findet sich übrigens auf der Brücke selbst. Die ließen 1735 sein Namensvetter, der Verwalter des Brückenzolls, Johann Nepomuk Lethmate, und seine Gattin errichten. Den schönsten Blick auf die Brücke hat man von den beiden Schwesternbrücken rechts und links, der Ludgerusbrücke und der Stadtkirche-Brücke, oder direkt von den Emsterrassen aus. Wobei man sich fragen kann, was diesen „schönsten Blick" bei einer Brücke ausmacht, bei der es sich im Grunde um einen einfachen Betonbau aus den 1980er-Jahren handelt, da die Originalbrücke im Zweiten Weltkrieg zerstört wurde.
Die Rheinenser haben ihrer Brücke einen besonders blumigen Stempel aufgedrückt: eine beidseitige Blumenpracht und florale Farbtupfer, die die Brüstungen schmücken, selbst später im Jahr noch, wenn die Heide blüht. Was für ein Bild. Und was für ein Aufmunterer! Zweiter Glückspunkt. Und schließlich – aller guten Dinge sind ja bekanntlich drei – das vielfältige Treiben rund um die Brücke. Gerade zu besonderen Anlässen. Ob beim alljährlichen sommerlichen Flohmarkt oder beim „Emszauber" im Winter – auf, unter oder neben der Brücke pulsiert das Leben, egal zu welcher Jahreszeit. Wie gesagt: Diese Brücke verbindet!

TIPP
Das jährliche EmsFestival mit schwimmender Bühne ist einmalig in Europa.

- Nepomukbrücke Rheine, Emsstraße, 48431 Rheine
- ÖPNV: diverse Linien, Haltestelle Rheine Bustreff

Ems galerie

Paul? Wer ist Paul?

5 Der Schwimmreifenmann Paul in Telgte

Was London an der Themse, das ist Telgte an der Ems. Auch wenn sich wohl so manches Emsstädtchen den Vergleich mit der britischen Hauptstadt auf die Fahne schreibt, gilt das doch für Telgte im besonderen Maße. Warum? Die Gründe liegen auf der Hand: So wie Telgte mit der Marienkapelle überregional als Wallfahrtsort bekannt ist, bietet London mit der St.-Pauls-Kathedrale eine der bekanntesten Kirchen weltweit. Apropos Paul. Noch eine Verbindung. Auch wenn sich Paul in Telgte etwas anders darstellt.

Wer auf der Brücke am Christoph-Bernsmeyer-Haus am Stauwehr nahe der Clemenskirche steht und den Blick den Fluss hinauf schweifen lässt, wird sich die meiste Zeit des Jahres hier verwundert die Augen reiben: Ups, wer schwimmt denn da ganz gemütlich mitten auf der Ems? Gestatten: Paul, der Schwimmreifenmann. Stilecht mit Schwimmbrille, Badekappe und einem weiß-roten Reifen schaut er stets Richtung Brücke. Eigentlich sollte sein Ausflug nach Telgte nur eine Saison dauern. 2009 wurde er hier von den Künstlerinnen Christel und Laura Lechner im Rahmen ihrer bekannten Alltagsmenschen-Ausstellung platziert. Doch es gefiel Paul hier einfach zu gut und auch die Telgter Bürgerinnen und Bürger haben den Schwimmreifenmann sofort in ihr Herz geschlossen und ihn per Voting nach dem ersten Bademeister des Waldschwimmbads „Paul" getauft. Aufgrund vielfältiger Unterstützung durfte er bleiben. Seitdem chillt er vom Frühjahr bis zum Herbst ganz entspannt in seinem Reifen. Im Winter geht's dann frisch geduscht ab ins „Trockendock". Eine Auszeit muss auch mal sein.

TIPP
Gleich nebenan im Dümmert-Park machen rote Picknickbänke und -tische glücklich.

Es lohnt sich übrigens, genau hinzuschauen. Denn Kleinigkeiten verändern sich immer wieder: Mal ist es eine Quietschente, die Paul Gesellschaft leistet, mal trägt er einen Helm. Ein bisschen verrückt geht es hier also durchaus zu. So wie auch London verrückt sein kann. Eine weitere Gemeinsamkeit. Und ein bisschen verrückt zu sein, macht ja durchaus glücklich …

- Schwimmreifenmann Paul, Stauwehr am Kardinal-von-Galen-Platz, 48291 Telgte
- ÖPNV: Bus R11, 13, Haltestelle Baßfeld; RB 67, Bahnhof Telgte

Die Perle an der Lippe

6 Der Park von Haus Heerfeld in Wadersloh

Es gibt sie natürlich, die Klassiker im Münsterland, die jeder kennt. Und dann gibt es das Unbekannte und eher beiläufig Entdeckte, bei dem das Glücksbarometer garantiert steigt. So wie beim Rittergut Heerfeld in der Nähe von Wadersloh, genauer gesagt in Liesborn-Göttingen, am Rand des Naturschutzgebietes Lippeaue. Viel Aufhebens macht dieser Ort, den selbst Ortsansässige nicht unbedingt kennen, nicht. Ein bisschen Understatement. Kein großes Schild weist auf dieses Kleinod hin, das sich immerhin als Denkmal ersten Ranges präsentiert. Nur eine kleine Landwirtschaftsstraße führt zum Gutshof. Der befindet sich in Privatbesitz und ist nur zu besonderen Anlässen zu besichtigen. Dafür steht das Tor zum Skulpturenpark offen. Und diese direkt am Wasser gelegene Pracht zu bewundern, macht definitiv glücklich.

Hat man das schmiedeeiserne Tor durchschritten, sollte man sich nicht vom etwaigen Hundegebell abschrecken lassen. Besucher sind willkommen. Und die dürfen sich auch umschauen – allerdings nur ohne Hunde. Erstaunlich, was es hier alles zu sehen gibt. Wenn der Begriff Juwel auf einen Ort passt, dann auf diesen. Bis ins Detail ist alles liebevoll gestaltet. Manch einer wird sich in die eigene Kindheit zurückversetzt fühlen, etwa beim Blick auf ein kleines Ein-Personen-Karussell mit Fliegenpilzdach. Retro und Nostalgie pur. Und schon um die nächste Ecke wartet zwischen allerlei kunstvoll beschnittenen Sträuchern und zahlreichen Skulpturen gleich eine neue Überraschung. Überhaupt: Das Überraschungsmoment ist es, was hier so happy macht. Für eine Rast zwischendurch eignen sich diverse Picknickplätze und laden explizit zum Verweilen ein. Gerne auch mit Blick aufs Wasser. Bevor man sich dann wieder aufmacht und vielleicht von der Brücke aus noch einen Blick auf das Anwesen wirft und sich im Stillen für dieses Erlebnis bedankt.

● Skulpturenpark Rittergut Haus Heerfeld, Göttinger Straße 5, 59329 Wadersloh, Tel. (01 73) 8 97 91 18

Komm auf die Schaukel!

7

Gut Erpenbeck in Lengerich

Da kommt einem doch unweigerlich das Lied „Komm auf die Schaukel, Luise“ des legendären Hans Albers in den Sinn, wenn man diese Schaukel auf Gut Erpenbeck sieht. Zwar steht die Schaukel nicht direkt im Wasser – so wie in Heiligenhafen an der Ostsee –, aber doch unmittelbar am Wasser. Die meisten, die hierherkommen, lassen sie allerdings im wahrsten Sinne des Wortes links liegen. Sie haben ein anderes Ziel: Es geht Richtung Hofladen. Keine Frage, auch der lohnt einen Besuch. Immerhin wird hier nach dem Grundsatz „Liebe zum Genuss“ gearbeitet. Und zu genießen gibt es hier wie auch andernorts im Münsterland so manches aus der Palette leckerer regionaler Produkte.

Doch erst einmal zurück zur Schaukel. Die ist wirklich ein Hingucker. Eine alte Holzbank wurde zu einer überdimensionierten Schaukelbank umfunktioniert. Da fragt man sich doch, was es damit auf sich hat, oder? Die ist ja augenscheinlich nicht von der Stange. Nun, das ist eine Geschichte für sich. Und die lässt man sich am besten direkt vor Ort erzählen. Unter anderem spielen darin eine Oldtimer-Rallye, ein Storchennest und ein Los eine Rolle. Wie das wohl alles zusammenhängen mag? Aber Schaukeln beflügelt ja die Fantasie.

TIPP

Die alte Wassermühle in Ladbergen gehörte einst ebenfalls zum Gut.

Während das Wasser hinter einem ganz ruhig ist, kommt man selbst in Schwung. Was nicht nur direkt, sondern auch im übertragenen Sinne glücklich macht. Die Augen nach oben gerichtet, Richtung Himmel und Wolken, schaukelt es sich am besten. Oder eben mit dem Blick nach links zum Wasser hin. Wie beruhigend. Alles andere kann noch einen Moment warten. Erst mal den Glücksmoment genießen und sich regelrecht beschwingt fühlen. Ja vielleicht sogar ein wenig königlich. Und tatsächlich: Royalen Besuch hatte das Gut Erpenbeck auch schon. Die britische Prinzessin Anne, die Schwester von König Charles III., die nebenbei bemerkt auch die Namenspatronin für einen Gletscher in der Antarktis ist, gab sich hier in den 1990er-Jahren die Ehre. Aber das ist wieder eine andere Geschichte ...

- Gut Erpenbeck, Erpenbecker Straße 128, 49525 Lengerich, Tel. (0 54 85) 9 60 90 www.gut-erpenbeck.de
- ÖPNV: Bus 141, 248, Haltestelle Ladbergen Heideblümchen

Dorfidylle

8 Der Mühlenteich in Brochterbeck

Wer zwischen Ibbenbüren und Tecklenburg unterwegs ist und gerne wandert, der kommt an so bekannten Spots wie den Dörenther Klippen mit dem Hockenden Weib nicht vorbei. Dazu gibt es eine bekannte Legende, die passenderweise etwas mit Wasser zu tun hat.
Bis unmittelbar hierher, so heißt es, reichte einst das Meer. In dem Bemühen, ihre Kinder vor der herannahenden Flut zu retten, hob eine Frau sie auf ihre Schultern, während sie selbst im Wasser verharrte. Die Kinder blieben unversehrt, doch sie selbst erstarrte zu Stein. Von Wasser ist heute nichts mehr zu erkennen. Dafür aber in Brochterbeck, einem Ortsteil von Tecklenburg, der eine gute Stunde Fußmarsch vom Hockenden Weib entfernt ist. Dort befindet sich der Mühlenteich. Und dort lassen sich tatsächlich so einige völlig risikofreie Glücksmomente erleben.
Zunächst ist da natürlich der Teich selbst mit seinem idyllischen Wasserlauf und der Mühle, die dem Teich seinen Namen gegeben hat und die sich mit einem für das Münsterland charakteristischen Fachwerk zeigt. Ein Ort, der einen zur Ruhe kommen lässt, und sei es nur, dass man der Reflexion der Sonne auf der Wasseroberfläche zuschaut. Zumindest solange die Wasserfontäne nicht ihrerseits alles wieder in Bewegung setzt. Vielleicht schleckt man dazu noch ein leckeres Eis, das es gleich gegenüber in der Eisdiele Casa Nostra gibt. War's das schon? Mitnichten! Also los, die Gegend rund um den Teich erkunden! Es bietet sich ein Stopp am Kneippbecken an, dann geht es weiter über eine kleine Brücke, wo augenscheinlich so manches Paar sein Glück mit Liebesschlössern verankert hat.
Ein besonderer Glücksort findet sich auf der anderen Straßenseite zwischen Kirche und Teich etwas versteckt hinter hohen Hecken: ein Kräutergarten mit Sitzgelegenheiten, einem Bouleplatz und Wasserkannen zum Gießen. Noch ein Ort zum Innehalten. Wer das kleine, aber durchaus feine Brochterbeck nur durchfährt, wird die Glücksoasen kaum erkennen. Also unbedingt einmal haltmachen. Es lohnt sich.

● Mühlenteich Brochterbeck, Am Mühlenteich, 49545 Tecklenburg
● ÖPNV: Bus R45, Haltestelle Brochterbeck Kirche

Schuhfrei

9 Barfuß unterwegs in Lienen

Weil er barfuß einen Kasten Wasser kaufen wollte, bekam ein Supermarktkunde in Hannover lebenslanges Hausverbot. Das war jedenfalls einmal einem Zeitungsbeitrag zu entnehmen. Am Dorfteich in Lienen kann das nicht passieren. Gut, hier kann man auch keinen Kasten Wasser kaufen, aber durchs Wasser laufen. Und das bevorzugt barfuß! Wer will, darf seine Schuhe – egal ob Sandalen oder Lackschuhe – sowie andere Utensilien vorab in Schließfächern verstauen. Das Kneippbecken erst mal rechts liegen lassen und sich lieber gleich aufmachen zum rund 2 Kilometer langen Barfußpark. Er gilt als Besuchermagnet.

Etwas versteckt startet der Parcours am Spielplatz, schlängelt sich dann unter einem grünen Blätterdach entlang und hält auf seinem Weg zurück zum Dorfteich einige Überraschungen parat. Mulch und Gras sind vielleicht noch nicht so herausfordernd, andere Untergründe dagegen schon. Der Weg führt vorbei an Wiesen und ist teils auch ein normaler Wanderweg. Daher Augen auf beim nächsten Tritt, um nicht versehentlich in etwas zu treten, was das Glücksgefühl schmälern könnte! Am Ende des Rundwegs hört man schon die Liene plätschern, die hier wunderbar in den Barfußpark integriert ist. Das Finale im Wasser des Staubachs ist eine überaus willkommene Abwechslung. Laufen mit allen Sinnen – davon können unsere Sohlen ein Lied singen, immerhin sind dort mehr Sinneszellen anzutreffen als im Gesicht, worauf Barfuß-Coaches hinweisen.

TIPP
Einmal monatlich findet vor der Kulisse des Dorfteichs der „Markt am Teich" statt.

Und schon ist man wieder zurück am Dorfteich. Kinder werden hier einen weiteren Programmpunkt entdecken: einen Spielplatz mit Wasserspiel, Matschareal und dem Piratenschiff Liena. Also gleich mit den Kids das Schiff entern oder doch erst selbst noch eine Runde im Kneippbecken treten? Schwierige Entscheidungen, die hier getroffen werden wollen. Aber das muss ja nicht sofort sein. Erst einmal den Moment hier am oder im Wasser genießen. Wie sinn-voll!

- Barfußpark Lienen, Diekesdamm 1, 49536 Lienen, Tel. (0 54 83) 73 96 50 www.barfusspark-lienen.de
- ÖPNV: Bus R46, Haltestelle Katholische Kirche oder Feuerwehrhaus

Barfuß-
Rundweg

Bachgeschichten

10 Ein Spaziergang am Ewaldibach in Laer

Liest man den Namen des Örtchens Laer im westlichen Münsterland rückwärts, ergibt sich das Wort „real". Und ganz real ist auch so mancherlei blaue Überraschung hier, weshalb sich ein Abstecher auf jeden Fall lohnt.

Der Weg führt am Ewaldibach entlang, der nach den heiligen Brüdern Ewaldi benannt wurde, die der Legende nach die Quelle des Bachs sprudeln ließen. Es handelt sich sozusagen um den dorfeigenen Bach, denn er entspringt im Westen von Laer und endet im Osten als Zufluss zur Steinfurter Aa. Unterwegs warten ein paar Überraschungen.

Ein Bummel startet passenderweise an der Straße „Am Bach". Bald befindet man sich auf einem Lehrpfad rund um die Themen Wasser und Leben in Laer damals und heute. Den Wissensdurst löschen kann hier jeder ganz leicht über Handy und QR-Code. Da fällt der Blick beispielsweise auf die ehemalige Steppdeckenfabrik Möller. Sie zeigt, was Laer und andere Orte des Münsterlandes prägte: Die Textilindustrie – samt Weben und Bleichen – machte sich im 19. und 20. Jahrhundert den Ewaldibach zunutze. Aktiv geht es dann an der nächsten Station zu, der Kneipp'schen Tretbeckenanlage. Eine willkommene Erfrischung und gut für den Kreislauf ist das Wassertreten ja allemal. Weiter am Bachbett entlang erfährt man so manches über den Bach und seine Geschichte(n). Ganz in der Nähe steht die historische Kirchturmuhr von St. Bartholomäus, aber nicht etwa oben auf dem Kirchendach, sondern ebenerdig direkt am Bach. Das alte Uhrwerk lässt sich so ganz genau studieren.

Wenige Schritte weiter ist man schließlich an der alten Furt des Ewaldibachs angekommen. Und schon ist fast der Dorfmittelpunkt erreicht, der hübsche Mühlen-, Ewaldibach- oder auch Rathausteich. Je nach Gusto und passend für einen schönen Ausklang. Es lohnt sich jedoch, sich zunächst noch etwas umzuschauen. Vom Kunstgewächshaus über den Piratenspielplatz bis zur Mühle gibt es noch so einiges zu entdecken. Und alles ganz real – typisch Laer eben.

TIPP

Im benachbarten Städtchen Horstmar warten entlang der Ritterroute viele weitere Quellen und Mühlen.

- Entlang des Ewaldibachs, 48366 Laer
- ÖPNV: Bus S70, Haltestelle Laer Hohe Straße

Weißes Gold

11 Der Salinenpark in Rheine

Ein echtes Goldstück der Erholung und Ruhe ist der Salinenpark in Rheine. Entstanden ist das Gelände durch die ehemalige Gewinnung von Salz, dem „weißen Gold". Imposant zeigt sich das Gradierwerk, das oft auch als Saline bezeichnet wird, selbst wenn der Begriff Saline, worauf Fachleute gerne hinweisen, in diesem Zusammenhang nicht ganz zutreffend ist. Aber lassen wir hier fünfe einmal gerade sein. Zusammen mit dem benachbarten Klosterschloss Bentlage und dem NaturZoo bildet der Salinenpark den „Bentlager Dreiklang", heute eine Erholungsoase par excellence.

Einst sollte das weiße Gold der Region um Bentlage zur Blüte verhelfen. Aber wie das so ist: Auf die angedachte Weise Salz zu gewinnen, blieb sehr aufwendig. Und gegenüber der später aufkommenden industriellen Gewinnung von Salz hatte weder das Sieden in gewaltigen Siedepfannen (sehenswert: die Schausiedepfanne!) noch das Konzentrieren von salzhaltigem Solewasser mittels des Gradierwerks eine Chance. Trotz langjähriger Geschichte, die immerhin Hunderte von Jahren zurückreicht, und verschiedener Blütezeiten kam irgendwann das Aus.

TIPP
Das Original Bentlager Pfannensiedesalz kann heute wieder in Rheine und der Region erworben werden.

Dass die Anlage daraufhin nicht komplett verschwunden ist, wie das andernorts durchaus der Fall war, stellt sich aus heutiger Sicht als regelrechter Glücksfall dar. Zwar hat sie ihren ursprünglichen Zweck verloren, aber dafür eine neue Bestimmung erhalten. Vor allem im Zusammenspiel mit der Umgebung. Das einstige Betriebsgelände präsentiert sich heute als attraktive Parkanlage und Besuchermagnet. Und an den beiden Gradierwerken rieselt weiter salzhaltiges Wasser über die Zweige des Schwarzsanddorns herab. Fein zerstäubt erzeugt es so in unmittelbarer Nähe ein angenehmes Klima, das auch für die Atemwege sehr gut ist. Und wenn die Sonne richtig steht und man einen näheren Blick wagt, schimmert es sogar ein wenig golden. Dabei könnte einem die Idee kommen, dass es durchaus lohnend sein könnte, sich auch selbst einmal wieder neu zu erfinden. So gesehen liegt das Glück stets ein Stück weit in der eigenen Hand.

- Salinenpark Rheine, Bentlager Weg 130, 48432 Rheine
www.saline-gottesgabe.de
- ÖPNV: Bus C12, Haltestelle NaturZoo

Zum Entdecken

12 Rund um den Emssee in Warendorf

Wie viele Seen es im Münsterland gibt? Gezählt hat sie wohl niemand. Auffällig ist aber: Egal ob größere Stadt oder kleineres Dorf, mittendrin findet sich immer ein See oder Teich. Naherholungsoasen direkt vor der Tür sozusagen. So auch in Warendorf, das als Stadt der Pferde überregional bekannt und für viele damit ein Glücksort par excellence ist. Liegt doch sprichwörtlich alles Glück der Erde auf dem Rücken der Pferde.

Doch zurück zum Emssee mit seinem Emsseepark. Recht gut orientieren kann man sich am historischen Wasserturm aus dem Jahr 1908. Wer aus Richtung Münster kommt und den Turm hinter sich wähnt, ist zu weit gefahren. Wer aus der anderen Richtung anreist, ist fast am Ziel. Ausgangspunkt für einen Rundgang ist der Bootsanleger des Warendorfer Wassersportvereins. Hier weht einem maritimes Flair entgegen. Weiter geht es im Uhrzeigersinn zum Piratenspielplatz. Während die Kleinen toben, können sich die Großen am Fitness-Parcours fordern, bevor man die erste Emsseebrücke überquert, die den Park auf östlicher Seite einrahmt. Auf der anderen Seite fließt die Ems dahin. Geradeaus liegt das nahe gelegene Freibad. Wer stattdessen weiter am Ufer des Sees entlangschlendert, entdeckt nach einiger Zeit linker Hand den 8. Meridian. Hier verläuft also der 8. Längengrad, die Verbindungslinie vom Nord- zum Südpol. Fast auf demselben Längengrad liegen auch der Vierwaldstättersee und der Lago Maggiore. Da befindet sich der Emssee ja wirklich in guter Gesellschaft. Wen es mehr nach Norden zieht: Die Sansibar auf Sylt liegt ebenfalls ziemlich genau auf dem 8. Längengrad. Warum also in die Ferne schweifen, mag man sich denken. Lieber im Hier und Jetzt bleiben und die Natur genießen.

Der Spaziergang zeigt Wirkung. Flaniert man über die zweite Emsbrücke, ist man schon fast wieder am Ausgangspunkt. Wenn einem nicht doch zwischenzeitlich die Idee kommt, in die Innenstadt abzubiegen, denn auch die hat ganz ohne Zweifel ihren Charme …

TIPP

Wohnmobilisten finden am Emssee einen Stellplatz fast direkt am Wasser. Einfach herrlich.

- Emssee und Emsseepark, Milter Straße/Sassenberger Straße, 48231 Warendorf
- ÖPNV: Bus R11, R13, R14, Haltestelle Wilhelmsplatz

Farbenspiele

13 Die Regenbogenmaschine in Oelde

Was für ein toller Name: Vier-Jahreszeiten-Park! Er findet sich auf dem ehemaligen Gelände der Landesgartenschau von 2001. Dabei gibt es den Park als Stadtpark schon viel länger. Doch erst mit der Landesgartenschau legte man den Grundstein für die heutige Gestaltung und schuf einen Ort, an dem man bei einem Ausflug schöne Stunden verbringen und dabei so manchen blauen Glücksort entdecken kann. Lohnend ist schon ein Spaziergang entlang des renaturierten Axtbachs und des Auensees. Der eigentliche Mittelpunkt aber ist der Park selbst, für den ein kleiner Obolus zu entrichten ist. Da ist dann etwa der Besuch des Parkbads, des Oelder Freibads, im Eintrittspreis inbegriffen. Es liegt auf dem Parkareal und hier lässt es sich vortrefflich plümsen, wie man im Münsterland so sagt. Der fernöstliche Garten, bei dem ein Wasserelement natürlich auf keinen Fall fehlen darf, lädt dazu ein, sich etwas abseits des Trubels zu erholen. Vor allem aber ist da der großzügig angelegte Mühlensee mit seiner imposanten Wasserfontäne. Die entpuppt sich je nach Sonnenstand und Blickwinkel und mit etwas Glück als echte Regenbogenmaschine. Ein Naturphänomen, das mit seinen unzähligen Wassertropfenformationen regelrecht Farbe ins Leben bringt. Und das ganz ohne Regen!

TIPP

Der kleine Wasserfall im Geisterholz außerhalb von Oelde lohnt einen Besuch.

Übrigens ist es immer ein wunderbares Erlebnis, einen Regenbogen zu sehen. Selbst wenn zwei Personen nahe beieinanderstehen, wird ihr Blick auf den Regenbogen stets ein anderer sein. Regenbögen sind individuell. So wie das Glück. Es gäbe noch so manches über den Regenbogen zu sagen. Beispielsweise, dass nicht nur Sonnen-, sondern auch Mondstrahlen einen Regenbogen herbeizaubern können. Wer das Glück hat, hier einen Regenbogen zu entdecken, mag sich daran erinnern, wofür die Farben stehen. Sie sind ein Symbol der Hoffnung und ein Zeichen der Vielfalt. Und damit in gewisser Weise das Glückssymbol schlechthin.

● Vier-Jahreszeiten-Park, Konrad-Adenauer-Allee 20, 59302 Oelde, Tel. (0 25 22) 7 28 20, www.vier-jahreszeiten-park.de

● ÖPNV: Bus 473, Haltestelle Zum Mühlenteich; Bus 474, Haltestelle Sommers Wiese

It's magic!

14 Der Nebelwald im Kurpark Bad Waldliesborn

Bad Waldliesborn gehört zum Münsterland? Eine Frage, die sich so mancher stellen wird. Aber tatsächlich: Das anerkannte Heilbad mit seinen zwei Solequellen und einem großen Thermalsolebad ist offiziell zwar ein Stadtteil von Lippstadt und damit Teil des Kreises Gütersloh, landschaftstechnisch wird es aber noch zum östlichen Münsterland gezählt. Was uns ganz nebenbei auch so einiges über das Glück verrät: Es kann lohnend sein, sich an Grenzen zu bewegen. Soeben ist man noch im Münsterland und an der nächsten Kreuzung vielleicht schon wieder draußen.

Was dieses idyllische Kurstädtchen zu bieten hat, ist einzigartig in der Region. Erst 2023 wurde der Nebelwald im Kurpark installiert und erfreut sich seitdem großer Beliebtheit. Er ist die neue Attraktion im Park. Hier kann man zur halben und zur vollen Stunde in eine fast schon mystisch anmutende Welt eintauchen. Ein kleiner Pfad führt circa 60 Meter durch einen feinen Sprühnebel, der durch mehr als ein Dutzend Metallstelen entlang des Weges herbeigezaubert wird. Und das täglich zwischen 11 und 18 Uhr für jeweils 15 Minuten. Ein kurzer Spaziergang, den gerade Pollenallergiker schätzen dürften, der letztendlich aber für alle ein tolles Erlebnis ist und sich je nach Witterung immer wieder neu erleben lässt, wenn man das sprühfeine Wasser auf der Haut spürt. Also wieder zurück und noch einmal eine Runde drehen. Oder man schaut sich das Schauspiel aus einiger Entfernung an. Das Projekt der Kommune, den Kurpark in einen weitläufigen Waldpark und eine grüne Oase zu verwandeln, ist wirklich gelungen. Und der Nebelwald ist das Highlight schlechthin. Ein Mikroregenwald am Rand des Münsterlandes. Heimische und exotische Gehölze und ein Baumlehrpfad runden das Angebot ab. Schon einmal einen Tulpenbaum gesehen? Nein? Na, dann auf nach Bad Waldliesborn.

- Kurpark Bad Waldliesborn, 59556 Lippstadt, www.unser-kurpark-walibo.de
- ÖPNV: Bus 70, Haltestelle Kurverwaltung; Bus C4, Haltestelle Quellenstraße

Schäferstündchen

15

Der Gräftenhof Reckfort in Nordwalde

Will man das Münsterland entdecken, dann lohnt es sich, einmal hinter die Kulissen zu schauen. Ein kleiner Geheimtipp und ein spektakuläres Ausflugsziel befindet sich in Nordwalde. Mehr münsterländische Tradition geht eigentlich gar nicht. Man könnte es auch anders formulieren: Gräftenhöfe gibt es viele, so einen ursprünglichen und nicht ohne Grund denkmalgeschützten Hof findet man andernorts jedoch kaum. Zumal das Anwesen nicht wie ein Museum daherkommt, sondern die Tradition dort bis heute lebendig und spürbar ist. Und so fühlt man sich bei einem Besuch zwischen heute und anno dazumal hin- und hergeworfen.

Wer genauer hinblickt, kann sehen, was das Leben vor über 400 Jahren hier ausmachte. Innen wie außen. Den passenden Rahmen dafür bildet die Gräfte, also der Wassergraben, der das Anwesen umgibt. Was an dieser Stelle etwas Besonderes ist, denn üblicherweise waren solche Gräften eher Adelssitzen vorbehalten und weniger landwirtschaftlich genutzten Höfen. Doch tatsächlich existierten und existieren gerade im Zentrum des Münsterlandes auch solche Anwesen häufiger. Eines davon ist der Gräftenhof Reckfort, wo passenderweise zugleich auch die von der Familie selbst gegründete Stiftung Niederdeutscher Gräftenhof beheimatet ist.

TIPP
Auch der Gräftenhof Bispinghof in Nordwalde lohnt einen Besuch.

Nur nebenbei bemerkt: Wer eine begriffliche Nähe zwischen dem Wort Gräfte und den für die Niederlande so charakteristischen Grachten vermutet, liegt richtig. Beide Begriffe sind miteinander verwandt.

Den Mittelpunkt des Anwesens und zugleich auch den Mittelpunkt des Lebens bildete damals natürlich das Haupthaus mit Tenne und großem Herdfeuerraum. Eine Symbiose von Feuer und Wasser, denn durch das Herdfeuer wurde und wird noch heute das Haus nicht nur mit Wärme, sondern auch mit Warmwasser versorgt. Deshalb lodert es im großen Herdfeuerraum und strahlt bei einem Besuch Gemütlichkeit aus. Es lohnt sich, auch einen Blick in die ehemalige Tenne zu werfen. Dort dreht sich alles um Produkte rund ums Schaf. Nicht überraschend, ist man doch bei einer Schäferfamilie zu Gast.

- Schäferei Reckfort, Westerode 33, 48356 Nordwalde, Tel. (0 25 73) 39 36
  www.schaeferei-reckfort.de
- ÖPNV: Bus 172, Haltestelle Nordwalde Iker

Wolldecken
107,50 €
Kniedecken
42,- €
Unser Willi Bär
34,- €
Kirschkernkissen
Lamm

Just for fun

16 TwinCable am Tuttenbrocksee in Beckum

Freizeit, Spaß, Action und eine große Portion Adrenalin: Das erwartet einen beim Besuch der Freizeitanlage am Tuttenbrocksee. Ein Eldorado für alle, die Wassersportaktivitäten mögen. Wobei auch durchaus diejenigen auf ihre Kosten kommen, die sich lieber am Strand dem Sonnenbad hingeben und das aktive Treiben der anderen aus einiger Entfernung durch die vielleicht rosarote Sonnenbrille beobachten.

Wer über den See fliegen will, der hängt sich an einen Bügel der Wasserskianlage, die ihr Netz fast über den ganzen See gespannt hat. Im Angebot sind gleich mehrere Routen. Dabei ist sowohl für Anfänger als auch für Fortgeschrittene das Richtige dabei. Selbstredend, dass sich hier auch Kurse für Wasserski und Wakeboard buchen lassen. Wer keine Geschwindigkeit zum Glücklichsein braucht, auf Wasserspaß aber nicht verzichten möchte, ist im 2500 Quadratmeter großen Aquapark gut aufgehoben, einer der größten Anlagen hierzulande. Fast 50 Geschicklichkeitselemente wollen gemeistert werden: Man balanciert auf Wave Ridern und überwindet den Ninja Jump. Danach weiß man auf jeden Fall, was man getan hat, und kann sich als Wasserratte auch mal ganz entspannt zu den Chillenden ins Strandbad gesellen. Oder vielleicht doch noch mal ins Wasser, aber diesmal ein wenig gemächlicher? Beim Stand-up-Paddling geht es ganz entspannt über den Tuttenbrocksee. Equipment gibt's vor Ort. Und auch an Land kann sich natürlich jeder sportlich betätigen. Wie wäre es mit einer Runde Beachvolleyball mit Blick über den See?

TIPP
Für weitere Freizeitaktivitäten eignet sich der Aktivpark Phönix samt See in Beckum.

Wenn dann der kleine Hunger kommt, macht man einen kurzen Abstecher zum Strandbadimbiss. Gegen Abend, wenn die Sonne langsam untergeht, sorgt die Rooftop Lounge oder die Sonnenterrasse für kulinarische Glücksmomente und finales Urlaubsfeeling.

Wer keine Action zum Glücklichsein braucht, dem sei der rund 2,5 Kilometer lange Wanderweg rund um den See empfohlen. Blaue Glücksorte können so unterschiedlich sein.

- TwinCable Beckum am Tuttenbrocksee, Am Tuttenbrocksee 7, 59269 Beckum, Tel. (0 25 21) 8 21 48 44, www.tuttenbrocksee.com
- ÖPNV: Bus R61, S30, Haltestelle Grevenbrede

Dat Pöggsken

17 Auf den Spuren von Wibbelt in Ahlen

Wer bis in die 1960er-Jahre im Münsterland zur Schule ging, kam an ihm nicht vorbei: Augustin Wibbelt (1862–1947) ist der wohl bekannteste plattdeutsche Heimatdichter des Münsterlandes. Eines seiner populärsten Gedichte lautet „Dat Pöggsken", das von einem Fröschlein handelt, das vom Geschnatter eines Gänserichs aufgeschreckt wird und beherzt ins Wasser springt. Generationen sind damit aufgewachsen. Und noch heute gehört Augustin Wibbelt zum Münsterland wie Kiepenkerl und Pumpernickel.

Auf die Spuren des Dichters kann man sich in Ahlen-Vorhelm machen. Dort kam er zur Welt und dort verbrachte er auch, nachdem er Jahrzehnte als Pastor am Niederrhein tätig gewesen war, seinen Lebensabend. Ganz nebenbei entdeckt man hier einige blaue Glücksorte und erfährt etwas über das Glück.

Ein guter Ausgangspunkt für eine kleine Augustin-Wibbelt-Tour ist beispielsweise der Wibbelt-Hof nahe dem Hellbach. Ebenfalls am Hellbach finden sich mit Pöggsken und Gausemann Figuren aus seinem Werk. Weitere Stationen sind die Augustin-Wibbelt-Gedenkstätte, ein Brunnen, der zu seinem 150. Geburtstag aufgestellt wurde. Er besteht aus zwei Halbkugeln und spiegelt die zwei Seiten seines Lebens als Pastor und Dichter wider. Keine Gegensätze, sondern eher etwas, das sich zusammenfügt. Eine Balance, die ihn wohl auch durch das Leben trug, wie eine Inschrift am Brunnen zeigt. Heute heißt das Work-Life-Balance. Weiter geht es dann zum Figurenbaum, wo gleich neben einem anderen Brunnen einige charakteristische Hauptfiguren aus seinen Gedichten zu erkennen sind: Figuren, denen er selbst ein literarisches Denkmal gesetzt hat.

Wibbelt zeigte sich stets als naturverbunden und gilt nicht nur als Seelsorger und Lyriker, sondern auch als Vordenker, der auf Umweltprobleme und die Bedrohung der Artenvielfalt hinwies. Und seine Äußerungen verraten uns auch etwas über das Glück: „Eines kannst du immer geben: Ein gutes Wort. Und wenn du das nicht findest: Einen freundlichen Blick."

TIPP

Teile des Nachlasses von Augustin Wibbelt sind im Museum Abtei Liesborn in Wadersloh-Liesborn zu sehen.

- Figurenbaum, Augustin-Wibbelt-Straße 41–43, 59227 Ahlen
  www.augustinwibbelt.de
- ÖPNV: Bus S30, R51, Haltestelle Vorhelm-Pelmke

Kunst und Kultur open-air

18 Greven an die Ems

Ja, richtig gelesen: Es heißt nicht etwa Greven an der Ems, sondern Greven an die Ems! Das klingt nach einer Aufforderung. Und das ist es auch. Eine Sommerinitiative der Stadt, die mehr als nur Urlaubsfeeling bietet. Auch wenn Tanki's Strandbar genau das locker auch allein schafft. Dabei sah es einst nicht gut aus, nachdem man an der ursprünglichen Stelle in den Emsauen mit dem Programm nicht weitermachen konnte. Aber es fand sich eine Alternative. Nur einen Steinwurf vom Hallenbad entfernt lädt dieser sommerliche Hotspot jetzt zum entspannten Verweilen ein. Und man hat sich noch mehr ausgedacht. Diverse Veranstaltungen bieten auch ein kulturelles Vergnügen: Konzerte, Festivals oder ein Mittelaltermarkt waren ebenso Höhepunkte in den vergangenen Jahren wie eine Gourmetmeile. Damit dürfte schon klar geworden sein: Die Ems ist für Greven das, was der Rhein für Köln ist. Anders als in Köln gibt es hier allerdings keine „Schäl Sick", also keine schlechte oder falsche Seite. Die Ems, so heißt es, teilt die Stadt zwar, verbindet sie aber zugleich auch wieder. Man weiß, was man der Ems zu verdanken hat.

Das verdeutlichen ganz anschaulich auch verschiedene Skulpturen entlang des Deichs. Über eine Länge von 2,5 Kilometern ist ein Skulpturenpfad entstanden, mit so passenden Motiven wie der „FISHeye"-Skulptur von Anne Huster aus Havixbeck. An anderer Stelle widmet man sich der Frage: Was bedeutet die Ems für die Entwicklung Grevens? Da ist beispielsweise die „EMSNadel" von Uwe Mertsch. Ein Symbol für das Handwerk, das für Greven einst so bedeutsam war: die Textilproduktion. Sie war in ihrer Hochzeit auf beiden Seiten der Ems angesiedelt und sorgte dafür, dass die Stadt erblühen konnte. Und zugleich wandelt sich alles. Auch das zeigt sich gerade hier, wo die Ems stadtnah renaturiert wird. Wiederkommen lohnt sich also. Ist ja schließlich auch das Motto: Greven an die Ems!

● Emsdeich Greven, 48268 Greven
www.unser-quartier.de/emsdeich-skulpturen und www.greven-beach.de
● ÖPNV: Bus R51, Haltestelle Münsterstraße Süd;
RB 65, RE 7, Bahnhof Greven

Klein, aber fein

19 Das Naturbad in Ennigerloh

Muss es immer ein Spaßbad mit Riesenrutschen, Wellengang und allerlei Schnickschnack sein? Das ist auch schön, aber manchmal reicht für ein kleines Stückchen Glück auch das Einfache. Gerade im Einfachen liegt ja oft das Besondere. Dabei stößt man vielleicht sogar auf ein kleines Juwel. Und wenn es sich um ein Schwimmbad handelt.
Ein solches Juwel findet man am Rand von Ennigerloh in einem Wohngebiet: das Naturbad. Eingebettet in einer „Welt aus Sport", mit Sportplatz, Skaterplatz und einer kleinen Grünanlage zum Spazierengehen, zeigt es sich von außen weder auf den ersten noch auf den zweiten Blick sonderlich spektakulär. Um es einmal im übertragenen Sinne zu formulieren: Hier sind es, wie so oft, die inneren Werte, die zählen. Das Bad in Ennigerloh ist neben dem Bad in Olfen eines von zwei Naturbädern, die im Münsterland zu finden sind. Und was macht ein solches Naturbad aus? Die Tatsache, dass es mitten in der Natur liegt? Mitnichten, auch wenn es davon so manche gibt, wie etwa das Waldschwimmbad in Telgte. Nein, hier wird komplett auf den Einsatz von Chlor im Wasser verzichtet. Also keine roten Augen mehr nach dem Spaß im kühlen Nass. Dass das Wasser ein wenig trüb ist, stört überhaupt nicht. Für den Badegenuss sorgt ein ausgeklügeltes System. Und der Spaß bleibt auch nicht auf der Strecke: Eine breite Rutsche und eine kleine Kletterwand bieten den nötigen Fun-Faktor.
Was einem beim Besuch dieses zauberhaften Schwimmbads auffällt und nicht zu vernachlässigen ist: Die Stimmung ist irgendwie anders. Das merkt man sofort. Das Bad wird von einem Verein mit vielen Ehrenamtlichen betreut. Das überträgt sich. Beinahe familiär geht es hier zu. Ein kleines Bad also mit großem Flair. Und überhaupt nicht in die Jahre gekommen, sondern ganz am Puls der Zeit. Also Badetuch unter den Arm geklemmt und auf nach Ennigerloh! Ein Tag auf dem Rasen am Schwimmbecken, mit einem Eis in der Hand und der Sonne auf dem Bauch, verspricht Glückseligkeit auf einfache Art.

- Naturbad Ennigerloh, Am Freibad 3, 59320 Ennigerloh, Tel. (0 25 24) 95 18 97
www.ennigerloh.de
- ÖPNV: Bus R33, Haltestelle Stavernbusch

Drei auf einen Streich

20 Die Tankbänke in Nottuln

Blaue Glücksorte sind nicht immer gleich als solche zu erkennen. Im Münsterland kann man sogar darauf sitzen – und das, ohne es zu merken. Wovon ist hier bloß die Rede? Es geht um Klimaveränderung und darum, was wir tun können, um unsere Städte lebenswert zu machen und zu erhalten. Gerade im urbanen Raum leiden viele Bäume unter zu wenig Niederschlag. Manchmal springt die Nachbarschaft ein und gießt die Bäume vor der eigenen Haustür. Zum Straßenbild gehören vielerorts auch die grünen oder braunen Wassersäcke. Damit werden die Bäume ummantelt und regelmäßig mit einem Tankwagen aufgefüllt. Gut für die Bäume, aber auch ein mühsames Geschäft. Und besonders schön sind die Säcke auch nicht.

Wer in Nottuln am Nonnenbach und dann vielleicht Richtung Stiftsplatz unterwegs ist und den schmucken Brunnen am Rand des Platzes bewundert – der für sich genommen schon ein kleiner blauer Glücksort ist –, setzt sich vielleicht gedankenversunken auf eine der Bänke, um kurz innezuhalten. Gleich drei dieser Bänke auf dem Stiftsplatz besitzen ein verborgenes Innenleben. Ein Reservoire von 300 Litern Wasser ist jeweils in ihnen versteckt, um zwei Amber-Bäume und eine Linde an den Bänken zu bewässern. Per App oder manuell kann das Bewässerungssystem bei Bedarf aktiviert werden. Das Fassungsvermögen ist wesentlich größer als bei einem gewöhnlichen Wassersack, der Tank muss nicht so oft aufgefüllt werden und das System wird in einem Testlauf genau auf den benötigten Wasserbedarf der urbanen Bäume angepasst. Innovation trifft Naturschutz! Und dann ist es auch noch hübsch anzusehen und zweckmäßig zugleich. Nützliches mit Schönem verbinden, lautet das Motto. Und es ist ein Gewinn für alle. Man kann mal durchschnaufen, die Bäume bekommen ihr Wasser, werden dadurch resistenter und können so weiter die innerstädtischen Temperaturen herunterkühlen. Eine Idee, die gerne Schule machen darf!

- Tankbänke, Stiftsplatz, 48301 Nottuln
- ÖPNV: Bus S60, Haltestelle Nottuln Rhodeplatz

HUNO Tankbank®

Glamping

21 Feldmarksee und Iglu-Camp in Sassenberg

Der Feldmarksee in Sassenberg mit seinem weitläufigen Erholungsgebiet drum herum ist ein Publikumsliebling. Zu Recht. Möge das noch lange so bleiben. Wie für viele andere Seen landauf, landab sind die Aussichten, was den Feldmarksee betrifft, ungewiss, wenn beispielsweise der Wasserspiegel weiter sinkt. Dem Feldmarksee nimmt das aber keinesfalls den Charakter eines Glücksorts. Im Gegenteil: Licht und Schatten sind zwei Seiten derselben Medaille und letztlich sensibilisieren uns bestimmte Orte immer auch wieder, Verantwortung für unsere Umwelt zu übernehmen.

Ein Blickfang hier am Feldmarksee ist die imposante Terrasse, die einem Schiff nachgebildet ist und auf der man sich gastronomischen Genüssen oder auch Experimenten hingeben kann. Tatsächlich gibt es etwas oberhalb der Schiffsterrasse ein breites Angebot für den Gaumen, mitunter auch in ungewöhnlichen Kombinationen, wie etwa Pommes Bolognese. Andere zieht es dagegen gleich hinunter zum Badestrand. Da kommt Urlaubsfeeling auf, auch wenn man die Zehen nicht sofort ins Wasser hält. Nicht ohne Grund trifft man hier so manche, die zum wiederholten Male zum Feldmarksee kommen. Münsterlandtrotter statt Globetrotter.

Bleibt noch die Frage der Unterkunft bei einem längeren Aufenthalt. Eine etwas ungewöhnliche Herberge ist das Iglu-Camp am Rand des Campingplatzes Heidewald, nur wenige Leezen-Minuten vom Feldmarksee entfernt. Die Iglus sind natürlich nicht aus Eis, sondern aus Holz und an Gemütlichkeit kaum zu übertreffen. Eine Kombination aus Hygge und Vintage. Innen alles weiß wie Schnee gehalten, verfügen sie neben einer gemütlichen Schlafkoje auch über eine Kochecke und ein eigenes kleines Badezimmer. Glamping pur und das ganzjährig. Abends, wenn es so langsam dunkel wird, plätschert dann noch ein Wasserbrunnen in der Mitte des Camps. Das schafft Atmosphäre im Iglu-Dörfchen hier am sehenswerten Feldmarksee.

TIPP

Im nahe gelegenen Gasthof Eichenhof angeln sich Schleckermäuler Münsterländer Fischspezialitäten.

● Campingpark/Iglu-Camp Heidewald, Versmolder Straße 44, 48336 Sassenberg, Tel. (0 25 83) 13 94, www.iglu-camp.de

● ÖPNV: Bus 312, Haltestelle Feldmark

Flüchtige Wasserkunst

22 Die Dialogfontäne in Hörstel

Ist das Kunst oder kann das weg? Diese scherzhafte Redewendung hört man bisweilen, wenn es um moderne Kunst geht. Anders sieht die Sache aus, wenn es nicht allein um das Betrachten eines Kunstwerks geht, sondern man selbst aktiv eingebunden ist. Womit wir bei der Dialogfontäne wären. Die findet sich am Kloster Gravenhorst, einer ehemaligen Zisterzienserinnenabtei, die zwischenzeitlich auch einmal als Maschinenbauanstalt und für die Champignonzucht diente. Seit 2004 steht hier das DA Kunsthaus. Für Kunstinteressierte inzwischen eine der ersten Adressen im Münsterland. Und auch für diejenigen, die auf der Suche nach blauen Glücksorten sind, bietet sich hier ein echtes Schmankerl.

Der Künstler Gilbert Geister legt den Fokus auf temporäre Werke, die zugleich zum Mitmachen einladen. Und das geht so: In der Außenanlage des Klosters nach zwei Edelstahlpfosten mit roten Griffschlaufen und einer Kette Ausschau halten, die von einem Ufer des Wassergrabens zum anderen führt. Dann brauchen sich nur noch zwei Personen jeweils an einem der Pfosten aufzustellen und kräftig an den Griffschlaufen zu ziehen. Das Ergebnis entsteht im Moment und ist, ehe man sich's versieht, auch schon wieder vergangen. Einmalig.

Da lässt sich viel über Kommunikation sinnieren. Wie klappt das mit der Absprache? Wie findet der Dialog statt? Es braucht ein Gegenüber. Selbstgespräche funktionieren bei der Dialogfontäne nicht. Und dann der Glücksmoment, der sich offenbart, wenn es gelingt, die an der Kette angebrachte Schale in die Luft zu katapultieren und so eine Fontäne hervorzuzaubern: sich sogleich wieder verflüchtigende und nur temporäre Gebilde aus Wasser und Luft. Wasserskulpturen, wie Gilbert Geister sie nennt. Und dabei erkennt man: Ohne eigenes und beherztes Mitwirken geht es nicht. Wie wichtig es ist, ins Tun zu kommen, ist auch so ein Aspekt, der einem bei alldem einfallen mag. Kunst kann vieles: uns mit anderen verbinden und uns letztlich sogar zu uns selbst führen.

● Dialogfontäne, Außengelände Kunsthaus Kloster Gravenhorst, Klosterstraße 10, 48477 Hörstel, Tel. (0 25 51) 69 42 00, www.da-kunsthaus.de

Glückskombi

23 Rund um die Hängematte am Stift Tilbeck

Man muss die Ohren schon etwas spitzen, um das leise Säuseln des Wassers zu vernehmen, wenn man es sich an diesem Ort im Stift Tilbeck bequem gemacht hat: in der Hängematte zwischen dem Barfußgang und dem Wasserturm. Die haben beide auf ihre ganz eigene Weise mit dem Wasser zu tun, machen aber erst im Zusammenspiel den Glücksort aus, den hier so vielleicht niemand erwartet. Da ist zunächst der Barfußgang, ein Rundgang, der nahe dem Parkplatz beginnt und auch wieder endet. Der eigens angelegte Pfad führt auf etwa 2,5 Kilometern über die unterschiedlichsten Bodenbeschaffenheiten. Selbstredend, dass dabei natürlich auch das Element Wasser nicht fehlen darf. Und genau das findet sich am Ende dieses Rundgangs, wobei es allerdings auch zwischendurch eine Rolle spielt. Aber das muss man selbst erfahren beziehungsweise erlaufen. Eingefleischte Barfüßler wissen: „Freiheit muss man barfuß spüren!"

Und nach einer solchen Wanderung? Wieder ab in die Hängematte? O nein! Hin zum Wasserturm! In einem Buch über blaue Glücksorte muss so ein Turm natürlich erwähnt werden, selbst wenn er nicht mehr mit Wasser gefüllt ist. Bis 1977 sicherte er allerdings noch die Wasserversorgung des Stifts, das sich übrigens seit über 100 Jahren als Ort im Dienste des Menschen versteht. Nach einer Massage auf dem Barfußgang verschafft ein Besuch hier noch ein Quäntchen mehr an Glücksgefühl. Denn hier befindet sich ein Antiquariat. Also eintreten und sich wie auf einer Welle treiben lassen. Das Angebot, das sich über Buchspenden trägt, kann sich sehen lassen. Und wer dann den einen oder anderen für sich passenden Schmöker entdeckt hat, entrichtet einfach einen kleinen Obolus.

Jetzt aber wieder zurück zur Hängematte. Es sei denn, man gönnt sich zuvor noch eine Tasse Kaffee aus eigener Rösterei im Stiftscafé Tilbecks. Der wird auch mit Wasser zubereitet. Wie auch immer …

- Stift Tilbeck GmbH, Tilbeck 2, 48329 Havixbeck, Tel. (0 25 07) 98 10
www.stift-tilbeck.de
- ÖPNV: Bus R63, Haltestelle Stift Tilbeck

Abkühlung gefällig?

24 Der artesische Brunnen bei Velen

Ein Ausflug rund um das schöne Velen mit seinen zahlreichen blauen Glücksorten lässt sich am besten auf der Leeze oder auf Schusters Rappen unternehmen. Vorbei am wildromantischen Wasserschloss geht es durch den historischen Tiergarten, zur Sägemühle Gut Ross, wo Baumstämme früher mittels der Kraft des Wasser zersägt wurden, und weiter Richtung Naturschutzgebiet Schwarzes Venn, wo ein kleiner Birkenmoorwald wartet.

Unterwegs lädt ein eher versteckter Glücksort ganz eigener Art zu einer willkommenen Rast ein. Aber aufgepasst! Mit dem Rad ist man flugs vorbeigefahren. Abkühlung und Erfrischung bietet hier ein artesischer Brunnen. Artesisch? Noch nie gehört? Dann kommt hier die Auflösung: Ein artesischer Brunnen liegt in einer Bodensenke unterhalb des Grundwasserspiegels. Durch den entstehenden Druck gelangt das Wasser von selbst nach oben. Wer möchte, kann direkt daneben mit einer Pumpe und eigener Körperkraft Wasser schöpfen. Gerade im Sommer, wenn die Sonne es besonders gut meint, lässt sich hier geschützt unter Bäumen in zwei miteinander verbundenen Becken ganz im Sinne von Sebastian Kneipp das Wassertreten üben. Das Wasser selbst gilt übrigens als weich, kalkarm und wohltuend für die Haut, da es durch Sandschichten gefiltert wird. Auf keinen Fall also ein Handtuch vergessen, damit man trockenen Fußes wieder in seine Schuhe schlüpfen kann. Eine Sitzecke lädt dazu ein, nach der Abkühlung noch ein kleines Picknick zu genießen. Ein wirklich idyllisches Plätzchen. Eine happy Location!

Wen es nach alldem noch nach einer kleinen Stärkung verlangt, der schaut nur einmal ums Eck auf dem Hof Jünck vorbei. Hier gibt's leckeres Eis im Selbstbedienungsladen. Man kann es sich dort in selbst gebauten „Hofkörben" gemütlich machen und erneut die Seele baumeln lassen, bevor es dann nicht nur erfrischt, sondern auch gestärkt aufgeht zu neuen Entdeckungen.

TIPP

Im Münsterland finden sich zahlreiche Kneippbecken. Also Augen auf!

- Artesischer Brunnen, Venneweg, 46342 Velen
- ÖPNV: Bus SV08, Haltestelle Brook

Aufgefrischt!

25 Die Waschfrau-Skulptur in Darfeld

Am Rand von Darfeld, einem Ortsteil der Gemeinde Rosendahl, entspringt die Vechte, einer der bekanntesten Flüsse im Münsterland. Laut einem Beschluss von 1962 beginnt sie zwar erst ein paar Kilometer später in Eggerode, aber lassen wir diese Kleinigkeit einmal außen vor. Kümmern wir uns lieber um das, was früher rund um die Vechtequelle passierte, und um das, was uns das heute noch über das Glück verrät. Gedanken dazu hat sich der Heimatverein Darfeld gemacht und den Darfelder Waschfrauen ein Denkmal gesetzt. Ein Projekt, das selbst nur mit etwas Glück gelang. So brauchte es neben Tatkraft auch eine Portion Geduld und vor allem die finanzielle Unterstützung von verschiedenen Seiten.

Ursprünglich im Dorfzentrum aufgestellt, macht sich die Figur an ihrem jetzigen Standort ganz prächtig. Bis ins 20. Jahrhundert hinein wurde direkt in der Vechte die Wäsche gewaschen. So wie auch in vielen anderen Flüssen im Münsterland und darüber hinaus. Vollautomatische Waschmaschinen wurden erst in den 1940er-Jahren bekannt und es dauerte eine gewisse Zeit, bis sie für jedermann erschwinglich waren. Bis dahin wurde die Kleidung mit der Hand im Fluss gereinigt, mühsam mit Waschbrett und Seife. Heute ist das selbst bei Verwendung biologisch abbaubarer Waschmittel unvorstellbar. Und nicht nur das: Die Wäsche musste von den umliegenden Höfen erst einmal zum Fluss gebracht werden.

TIPP

Das Museum der historischen Waschtechnik in Ostbevern-Brock lohnt einen Besuch.

Aber man sollte diese wirklich schöne und detailgetreue Bronzefigur nicht allein als Wertschätzung für die mühevolle Arbeit betrachten. Vielleicht darf auch ein wenig Demut mitschwingen. Und der Sinn dafür reifen, was für ein Glück wir doch heute haben. Alles hat seine Zeit. Während daheim vielleicht ganz von allein die 60-Grad-Wäsche oder auch das Wollwaschprogramm durchläuft, verbringt man hier im besten Fall ein paar glückliche Augenblicke. Geschenkte Zeit, die man mit Bedacht nutzen sollte. Und wenn es nur das ist, woran diese kleine Figur bei einem Ausflug hier an die Vechte erinnert.

- Waschfrau-Skulptur, Oberdarfeld 39, 48720 Rosendahl, Tel. (0 25 45) 13 83
www.heimatverein-darfeld.de
- ÖPNV: Bus R81, 771, Haltestelle Darfeld Osterwicker Straße

Seitenwechsel ahoi!

26 Die Bockholter Emsfähre

„Eines der letzten Abenteuer", so umschrieb es einmal ein Gast der Bockholter Fähre. Das kleine Boot bringt in den Sommermonaten Fußgänger und Radfahrer, die beispielsweise auf dem EmsRadweg unterwegs sind, von einem Ufer zum anderen. Es handelt sich um die vielleicht kleinste Fähre Deutschlands, ein klitzekleines Mikroabenteuer also.
Dieses Unikat findet sich am äußersten Rand von Rheine an den Eltener Dünen im Stadtteil Elte. Das Fährrecht besteht hier schon seit 300 Jahren. Irgendwie scheint der Ort ein wenig aus der Zeit gefallen. Gibt es nicht eine Brücke in der Nähe? Doch, die gibt es tatsächlich, sie steht nur wenige Kilometer flussaufwärts. Aber Hand aufs Herz: Zum einen hat das Benutzen einer Brücke natürlich nicht diesen Charme. Und zum anderen: Warum sollte man diesen Umweg nehmen? Der Fähranleger ist leicht zu finden. In Flussrichtung einfach rechts nach der Gaststätte Zur Bockholter Emsfähre Ausschau halten. Wie passend. Der Gasthof ist ein überaus beliebter Treffpunkt, eine Zwischenstation mit dem Rad lohnt sich immer. Hier lässt sich hervorragend eine Pause einlegen. Und wenn auf der Terrasse ein Plätzchen frei ist, umso besser. Der Blick hinunter zur Ems ist inbegriffen und zugleich kann man schon einen ersten Eindruck von der anstehenden Fahrt bekommen. Bereit für ein kleines Abenteuer? Dann mal los!
Nur wenige Personen passen mit ihren Rädern auf die Fähre. Wenn sie voll ist, ist sie voll. Dann wartet man kurz bis zur nächsten Tour. Die Fahrt dauert ohnehin kaum mehr als einen Wimpernschlag. Gegen einen kleinen Obolus geht es schnurstracks auf die andere Seite. Gesichert ist die Fähre mit einem Drahtseil, das quer über die Ems führt. Ein einzigartiges Erlebnis, das von Mai bis September genossen werden kann. Sollte sich die Fähre gerade auf der anderen Seite befinden, macht man den Fährmann per Glocke auf sich aufmerksam. Einen Zeitplan gibt es nicht. Natürlich nicht.

- Bockholter Emsfähre, Zur Bockholter Emsfähre 111, 48432 Rheine www.elte.de/bockholter-emsfaehre
- ÖPNV: Bus C6, Haltestelle Elte Süd

Bockholter - Fähre

Kleine Wasserschule

27 Der Wasserlehrpfad Osterwick

Wasser hat viele Gesichter. So ist es auf einer Tafel in Osterwick zu lesen. Und die Osterwicker müssen es wissen, befindet sich dort doch der wohl einzige Wasserlehrpfad im Münsterland. Hier an der Pfarrgräfte, die sich über viele Jahre hinweg als eher schmucklos präsentierte, wollte man es wissen und begann damit, sich dem Wasser und seiner Bedeutung für das Münsterland zu widmen. Von den kleinen Fragen bis hin zu den großen Themen lässt sich allerlei Wissenswertes über die Vielfalt dieses Lebenselixiers erfahren. Und das auf eine wirklich ansprechende Art und Weise.

Einzelne Thementafeln informieren über die verschiedensten Aspekte des Wassers. Man versteht, wie Wasser in der Natur zirkuliert – von der Verdunstung über die Wolkenbildung bis zum Niederschlag, wie es also wieder zurückkehrt in Flüsse, Teiche und Seen –, man erkennt die Bedeutung für das Ökosystem und erfährt etwas über Wasserversorgung und Wasserqualität sowie über die kulturelle und historische Bedeutung für die Region. Man begreift, welche Möglichkeiten Wasser bietet, aber auch, welche Widersprüchlichkeit sich beim Thema Wasser zeigt, etwa wenn es sich mal unbeherrschbar offenbart; all das wird hier dargestellt. Selbstredend, dass dieser Lehrpfad auch für den sorgsamen Umgang mit diesem kostbaren Gut sensibilisiert.

TIPP

Ein Treffpunkt für alle ist der Generationenpark Holtwick, nur 10 Autominuten entfernt.

Aber das ist nur die eine Seite der Medaille. Natürlich darf hier auch jede und jeder selbst tätig werden. Da ist beispielsweise das große Wasserschöpfrad, wo man mit etwas Kraft selbst Hand anlegen kann, genauso beim Pumpenbrunnen, der ein kleines Stauwerk speist. Mit viel Engagement, Kreativität und Hintersinn wurde hier ein Ort geschaffen, den es so im Münsterland wohl tatsächlich kein zweites Mal gibt. Und das alles unter freiem Himmel, was wieder Punkte auf dem Glückskonto bringt und sich beim gemeinschaftlichen Erleben schnell verdoppelt. Da ist ein Besuch in Osterwick eine gute Investition.

- Wasserlehrpfad Osterwick, Fabianus-Kirchplatz 7 (Pfarrgräfte Osterwick), 48720 Rosendahl, Tel. (0 25 47) 71 38, www.dorfpark-osterwick.de
- ÖPNV: Bus R81, Haltestelle Osterwick Hauptstraße

O'zapft is!

28 Jupp der Erlebnisbiergarten in Haltern am See

Wer die Wahl hat, hat bekanntlich die Qual. Gerade die Gegend zwischen Haltern und Dülmen strotzt nur so vor blauen Glücksorten. Woran das liegt? Hier befindet sich sozusagen ein See neben dem nächsten. Neben den Silberseen – derer gibt es gleich drei – ist es vor allem der Halterner Stausee, der zahlreiche Besucherinnen und Besucher anlockt. Wo will man da anfangen? Vielleicht bei einem Glücksort, der bereits prämiert wurde? Der liegt am Halterner Stausee ganz am südlichen Rand des Münsterlandes. Dort findet sich ein Glücksort für all diejenigen, die einer gepflegten Biergartenatmosphäre nicht abgeneigt sind. Und das noch mit direktem Seeblick: „Jupps Seeblick", um genau zu sein. Was will man mehr?

Jupps Biergarten nennt sich selbst Erlebnisbiergarten und folgt der Maxime „Eine ruhige Quelle in hektischer Zeit". Das ist Programm, aber auch Anspruch. Und dem wird er gerecht. Schon seit 1948 residiert unter der Führung der Familie Geldmann „Jupp" am Halterner See, damals noch unter dem Namen „Gaststätte zum kleinen Mann". Ein Traditionslokal in dritter Generation also. Das ist heute keine Selbstverständlichkeit mehr.

TIPP

Klettern am See kann man gleich nebenan im Kletterwald Haltern.

Zu einem Biergarten gehört natürlich gutes Bier. Und Jupp hat sogar sein eigenes, das regional gebraut wird. Natürlich kommt auch das leibliche Wohl nicht zu kurz, wobei die Auswahl weit mehr bietet, als man an einem Abend vertragen kann. Ein Ort, an dem reichlich gute Laune aufkommt. Das dachte sich wohl auch Toni Steingass, ein Urgestein des Kölner Karnevals, der hier in den 1950er-Jahren zu seinem Lied „Der schönste Platz ist immer an der Theke" inspiriert worden sein soll. Und damit hätten wir alles auf einen Punkt gebracht: eine entspannte Umgebung, ein geselliges Miteinander, eine authentische Atmosphäre mit einem augenscheinlichen Faible für Dekor, ein Hauch Nostalgie und Tradition, viel Familienfreundlichkeit – *et voilà:* Jupp!

- Jupp der Erlebnisbiergarten, Hullerner Straße 107, 45721 Haltern am See, Tel. (0 23 64) 52 16, www.juppamsee.net
- ÖPNV: Bus 272, Haltestelle Haltern am See Seehof

Jupp's Seeblick

Petri Heil!

29

Die Anglerfigur in Isselburg

Da mag man sich die Augen reiben und noch einmal genauer hinsehen. Nein, diese Figur bewegt sich nicht. Ein Angler? Angeln soll ja etwas Meditatives haben, wie eingefleischte Fans behaupten. Andere hingegen können damit wenig anfangen. Bei dieser Figur hier dürfte man sich schnell einig werden. Es handelt sich nämlich um einen Angler der besonderen Art. Einen, dem man gerne einmal über die Schulter schaut. Zu finden ist er in Isselburg ganz im Westen des Münsterlandes. Hier sitzt er einfach so da, direkt an der Issel.

Die Issel entspringt in Raesfeld und fließt von dort Richtung Niederlande, wo sie zur Oude IJssel wird und schließlich in die IJssel mündet. Zwischendurch heißt sie auch schon mal Westfälische Issel, Obere Issel, Mittlere Issel, Kleine Issel und Untere Issel. Ein Flüsschen der vielen Namen also.

Versehen mit Hut, Angelrute, Keschernetz und Pfeife, schaut der Angler hier in Isselburg ganz ruhig auf das friedlich vorbeifließende Wasser. Natürlich ist er ein beliebtes Fotomotiv. Ein „Petri Heil!", den Anglergruß, kann man ihm zuwerfen. Aber vermutlich will er gar nicht gestört werden. Irgendwie in sich versunken sieht er aus. Ob er wohl die Figur der Waschfrau auf der gegenüberliegenden Seite der Issel entdeckt hat? Diesen Angler hier zu betrachten, hat durchaus etwas Entspannendes. Eine Stimmung, die sich unweigerlich auf einen selbst überträgt. Und vielleicht dazu anspornt, sich Zeit für sich selbst zu nehmen und sich mit dem zu beschäftigen, was einem wichtig ist. Was bei allem Trubel um einen herum oft gar nicht so einfach ist. Der Angler scheint sich von alldem aber nicht im Mindesten beeindrucken zu lassen. Auch nicht, wenn es hier an der Promenade mal etwas belebter zugeht. Wie sang Udo Lindenberg doch einmal? „Ich mach mein Ding." Yep!

TIPP

Die Werther Turmwindmühle direkt an der Issel ist ebenfalls einen Ausflug wert.

- Anglerfigur an der Issel-Promenade, 46419 Isselburg
- ÖPNV: Bus 61, Haltestelle Isselburg Markt

Kraftquelle

30 Der Waldhügelsee in Rheine

Glück auf Distanz. So könnte die Überschrift für den Waldhügelsee in Rheine auch lauten. Denn direkt ran an den See kommt man so ohne Weiteres nicht. Das Areal steht unter Naturschutz und ist der Flora und Fauna vorbehalten – eingebettet, wie es der Name schon sagt, in eine Naturlandschaft aus Wäldern und kleinen Hügeln. Mit über 900 Pflanzenarten landet das Gebiet auf Platz zwei der artenreichsten Naturschutzgebiete in Nordrhein-Westfalen. Da soll so bleiben, denn auch manche gefährdeten Pflanzenarten sind hier zu finden, unter anderem 14 verschiedene Orchideen- und Wildrosenarten.

Der Waldhügelsee wird auch oft Kalksee genannt. Da lässt sich bereits erahnen, was hier ehemals abgebaut wurde und auf einem etwas entfernteren Bereich auch noch abgebaut wird: Kalk für die Industrie. Heute macht dieses Gestein den See so einzigartig und er erstrahlt – je nach Lichteinfall – in einem schönen Blau, Türkis oder Grün. Wie ein Chamäleon vermag er seine Farbe zu ändern. Hat man erst einmal den passenden Aussichtspunkt entdeckt, präsentiert sich der See als ein Hingucker, der auch aus der Distanz nichts von seinem Reiz verliert.

Gegenüber seinem großen und auch bekannteren Bruder, dem Canyon in Lengerich, mag der Waldhügelsee nicht so spektakulär daherkommen. Zu verstecken braucht er sich aber auf keinen Fall. Er hat halt seinen eigenen, individuellen Charme. Und der offenbart sich sehr schnell, wenn man sich darauf einlässt: die wunderbare Natur, das schimmernde Wasser, die Ruhe – eine echte Auszeit und ein kleiner Ausgleich zur Hektik des Alltags. Keine Reizüberflutung. Eine Wohltat für die Sinne. Nur der Musik der Natur lauschen und sich mal ganz bewusst und entschlossen nicht durch das Smartphone „app“lenken lassen. Gelegentlich trifft man auch auf andere Wanderer oder Spaziergänger. Und vielleicht auf jemanden vom Naturschutzbund, der hier regelmäßig nach dem Rechten sieht. Mit etwas Glück wird daraus sogar unverhofft eine kleine private Führung.

TIPP
Auch die Schluchtseen am Canyon in Lengerich ändern ihre Farbe wie ein Chamäleon.

- Waldhügelsee/Kalksee, Habichtshöhe 32, 48432 Rheine
- ÖPNV: Bus C7, Haltestelle Habichtshöhe, Catenhorn

Herbstleuchten

31 Dahliengarten und Wasserspiel in Legden

Lasst Blumen sprechen! Im Münsterland geht das prächtig im Rosengarten in Seppenrade oder in Legden, wo sich alles um eine besondere Blume dreht, die Dahlie, die nach dem schwedischen Botaniker Andreas Dahl benannt ist. Seit dem 16. Jahrhundert ist sie als Nahrungspflanze in den Hochebenen Mexikos bekannt. Ende des 18. Jahrhunderts ist sie als Zierpflanze nach Europa gekommen. Heute ist sie eine der Spätsommer- und Herbstblumen, die in den dunkler werdenden Tagen viel Farbenpracht in unser Leben bringen. Ohnehin ist Vielfalt einer der Begriffe, die gut zur Dahlie passen.

Hier in Legden im nördlichen Münsterland hat sich die Gemeinde ganz dieser Pflanze verschrieben, ob als dorfeigenes Zahlungsmittel mit dem Dahlien-Taler oder dem alle 3 Jahre stattfindenden Dahlien-Kinder-Blumenkorso. Aber der Hotspot für alle Dahlienfreunde liegt etwas versteckt und doch mitten im Herzen des Ortes direkt neben der Kirche St. Brigida: der Dahliengarten. Hier muss man im Spätsommer mal gewesen sein. Mehr als 1800 Dahlien und 180 weltweit gezüchtete Dahliensorten sind dann zu bewundern. Dass eine Sorte sogar den Namen „Gute Laune" trägt, kommt nicht von ungefähr.

TIPP

Sehenswert sind der Dorfbrunnen in Legden und der neu gestaltete Dorfteich in Legden-Asbeck.

All das wäre aber nichts ohne das Wasser. Wasser spielt in der Geschichte der Gartenkunst seit jeher eine bedeutsame Rolle. Als lebensspendende Kraft, zugleich aber auch als Element, das Ruhe ausstrahlt, für Aktivität sorgt oder ein beruhigendes Geräusch im Hintergrund erzeugt. Zwischen mehreren Sandsteinquadern sprudelt es vom Frühjahr bis in den Herbst. Man könnte sich also durchaus fragen: Ist das nun ein blauer oder ein grüner Glücksort? Darauf eine Antwort zu finden, ist ebenso müßig wie auf die Frage, ob zuerst die Henne oder das Ei da war. Es ist das Zusammenspiel, das wie so oft eine perfekte Symbiose schafft zwischen der Flora und dem sprudelnden Nass. Das eine wäre nichts ohne das andere. Und für beides darf man dankbar sein. Die Dahlie steht übrigens auch für Dankbarkeit. Und Dankbarkeit gilt als eine Quelle des Glücks.

- Dahliengarten Legden, Kirchplatz 2, 48739 Legden, Tel. (01 57) 33 88 05 01
www.dahliengarten-legden.de
- ÖPNV: Bus 582, Haltestelle Gildenhook

Pinkes Glück

32 Die Flamingos im Zwillbrocker Venn bei Vreden

Flamingos, jene Vögel, die sich durch ihr typisch rosafarbenes Gefieder auszeichnen und auf einem Bein im Wasser stehen, verbindet man wohl kaum mit dem Münsterland. Das ist doch eher etwas für exotische Gefilde. Um Flamingos zu sehen, braucht man jedoch gar nicht so weit zu reisen. Es genügt ein Ausflug in das Zwillbrocker Venn. Was für ein extravagantes Erlebnis quasi um die Ecke.

Nahe an der Grenze zu den Niederlanden liegt dieses Naturschutzgebiet der besonderen Art. Zusammen mit weiteren Gebieten, die grenzüberschreitend bis auf die niederländische Seite reichen, ist es ein Rückzugsort von Flamingos. Es gibt sogar eine eigens konzipierte „Flamingo-Route" für alle Radbegeisterten.

Für das Münsterland ist dieser Ort einzigartig. Hier präsentiert sich die nördlichste Flamingokolonie weltweit auf der Flamingoinsel inmitten des Zwillbrocker Venns. Von den Aussichtsstellen und einem Aussichtspavillon aus lassen sich die Tiere gut beobachten. Es lohnt sich aber dennoch, das Fernglas einzupacken. Ab Februar/März beginnt die Brutsaison, im Frühjahr und Sommer steht dann die Aufzucht des Nachwuchses auf dem Programm, bevor es die Vögel im Herbst in die benachbarten Niederlande ans Veluwe- und Grevelingenmeer zieht. Es gibt inzwischen verschiedene Flamingoarten im Zwillbrocker Venn, nicht nur den in Europa beheimateten Rosaflamingo, sondern auch den Kuba- und den Chile-Flamingo, die für gewöhnlich eher in der Karibik beziehungsweise in Südamerika beheimatet sind. Sie teilen sich das Gebiet übrigens noch mit der größten Lachmöwenkolonie Deutschlands, die den Besuchern ebenfalls ein Lächeln ins Gesicht zaubert.

Das Beobachten der Flamingos sorgt für Glücksgefühle der ganz besonderen Art. Erst recht bei der ersten Begegnung. Das Unvermittelte, die Anmut und auch die Einzigartigkeit ihrer Erscheinung, dann das exotische Flair hier in der heimischen Natur – all das trägt dazu bei. Und auch das Zuschauen selbst entschleunigt. Der Alltagsstress ist vergessen. Jetzt zählt nur dieser Moment.

- Rundweg Zwillbrocker Venn, 48691 Vreden, Tel. (0 25 64) 9 86 00 www.bszwillbrock.de
- ÖPNV: Bus B2, Haltestelle Zwillbrock Möwenkolonie

Am Fluss entlang

33 Werse-Feeling in Albersloh

Das Blaue mit dem Grünen verbinden. Das geht bestens an einem der zahlreichen Radwege des Münsterlandes. Beispielsweise auf dem 125 Kilometer langen Werseradweg, der auch durch das südliche Münsterland führt und über weite Strecken unmittelbar dem Verlauf der Werse folgt. Die entspringt in den Beckumer Bergen, führt über Ahlen, Drensteinfurt und Albersloh bis nach Münster-Gelmer, wo sie schließlich auf die Ems trifft.

Nicht weniger reizvoll sind andere Möglichkeiten, die Werse zu entdecken. Etwa mit einem Packcraft, einem Schlauchboot, das sich sogar bequem im Rucksack transportieren lässt. So lässt sich das Paddeln gleich mit einem Spaziergang oder einer Wanderung verbinden. Dabei lohnt es sich immer mal wieder, einen Stopp einzulegen. In Albersloh findet sich vom Inselfeeling bis zum Eisvergnügen so einiges. Typisch münsterländisch einstimmen kann man sich am Albersloher Kiepenkerl gleich am Parkplatz. Nach wenigen Schritten ist man direkt am Fluss, wenn man nicht ohnehin angepaddelt kommt. Gegenüber lockt das Eiscafé Etna mit seiner Außenterrasse und dem Werseblick. Doch erst einmal gilt es, diverse Wasserplätze zu entdecken. Also runter zum Werseufer, wo ein Holzsteg und eine Bank zu einer spontanen Auszeit einladen. Hier sollte man den Blick unbedingt auch auf die gegenüberliegende Wandmalerei richten. Danach geht es dann die Werse hinauf über eine Brücke, vorbei an einer Schutzhütte mit Grillmöglichkeit. Die meisten aber wird es weiterziehen.

TIPP
Kombiniert mit dem EmsRadweg lässt sich auf dem Werseradweg eine Rundtour unternehmen.

Im Zuge der Renaturierung der Werse wurde eine kleine Naturinsel geschaffen, die über Steine und Baumstämme erreichbar ist. Aber Obacht: Es kann glitschig sein. Zu empfehlen ist ein Besuch im Frühjahr, wenn es zu grünen und sprießen beginnt. Noch etwas weiter liegt der kleine Wersestrand. Ebenfalls durch die Umgestaltung der Örtlichkeit entstanden, lädt er zum Verweilen, Träumen und Picknicken ein. Und dann heißt es, sich wieder aufmachen: egal ob zu Fuß, mit dem Boot oder dem Rad. Auf zur nächsten Werse-Entdeckung!

- Wersestrand Albersloh, 48234 Sendenhorst (Ortsteil Albersloh)
- ÖPNV: Bus S30, Haltestelle Albersloh Bergstraße; Bus R32, Haltestelle Albersloh Teckelschlaut

Anfibio

JAa!

34 Die Aasee-Bank in Ibbenbüren

Auf die Aa als Flüsschen trifft man im Münsterland gleich mehrfach. Wobei es gar nicht die eine Aa gibt. Da gibt es die Münstersche Aa, die Bocholter Aa, die Steinfurter Aa oder auch die Ibbenbürener Aa. Dass der Name Aa mit dem lateinischen Wort *aqua* für Wasser verwandt ist, liegt nicht nur nahe, sondern passt ganz wunderbar zum Schwerpunkt dieses Buches.

Wo eine Aa fließt, da ist natürlich auch ein Aasee nicht weit, heute ein beliebtes Naherholungsgebiet. Am bekanntesten ist vielleicht der Aasee in Münster. Ebenfalls immer einen Ausflug wert ist der Namensvetter in Ibbenbüren. Nimmt man den Aasee an sich nicht schon allein als Glücksort, sondern schaut einmal genauer hin, so lassen sich zahlreiche Details ausmachen. Und sind es nicht oftmals die kleinen Dinge, die happy machen? So wie die Bank, die hier nicht am, sondern etwas ungewöhnlich im Aasee steht.

Wer sich beispielsweise vom Wanderparkplatz zu einem Spaziergang rund um den See aufmacht, stößt, wenn man die eine Richtung einschlägt, schon nach wenigen Metern, ansonsten aber am Ende der Tour darauf. Und mit etwas Glück ist sie auch genau in diesem Moment frei. So soll es sein! Über ein paar Steinplatten lässt sich die Bank schnell, unkompliziert und obendrein auch trockenen Fußes erreichen. Dann die Beine ausstrecken und den Blick über den See gleiten lassen. Einswerden mit der Umgebung. Boote lässt man einfach an sich vorbeischippern. Wie wär's damit? Schuhe ausziehen, sich an den Rand der Bank setzen und die Zehen ins Wasser halten. Sinneseindrücke, die nicht nur an heißen Tagen ein Genuss für die Füße und die Seele sind. Übrigens ist die Bank groß genug, um auch zu zweit oder zu dritt eine schöne Zeit zu verbringen. Vielleicht bei Sonnenuntergang, mit einem Picknickkorb mit Wein und Käse und seinem Lieblingsmenschen an seiner Seite …

TIPP

Genüssliche Momente versprechen die Strandbar Ibbgoesbeach und das Restaurant Ventana.

- Picknickbank in der Nähe des Wanderparkplatzes, Ledderstraße, 49477 Ibbenbüren
- ÖPNV: Bus R20, 234, Haltestelle Ibbenbüren Reuterstraße

Ein Hauch von Abenteuer

35 Eine Floßfahrt auf der Stever in Olfen

Die Steveraue ist zweifellos eine Perle des Münsterlandes. Das sagt sich schnell, gilt aber in diesem Fall tatsächlich. Etwas abseits vom Stadtkern von Olfen gelegen, ist der erste Anlaufpunkt das Naturparkhaus Steveraue, wo man sich auf ganz spielerische Art dieser Region widmen kann. Und das Interesse wächst sogleich. Die Auenlandschaft lädt zu ausschweifenden Spaziergängen ein, die zu halbwilden Konikpferden, Heckrindern und Auerochsen führen. Auch Poitou-Esel sind hier inzwischen beheimatet. Die Herden versorgen sich selbst und sorgen so für die typische Flora in der renaturierten Steveraue.

Wer einmal ganz andere und für das Münsterland einzigartige Ein- und vor allem auch Ausblicke erhalten möchte, sollte eine Fahrt mit dem Floß Antonia über die Stever buchen. Das Floß selbst präsentiert sich als überaus robust. Das Angebot richtet sich an Gruppen von bis zu 15 Personen. Sie können Antonia für eigene Veranstaltungen buchen, egal ob Junggesellinnenabschied oder Firmenausflug. Auch der nötige Proviant kann mit an Bord genommen werden. Rund 1,5 Stunden dauert eine Fahrt, dabei wird viel Wissenswertes rund um die Steveraue vermittelt. Aber man muss schnell sein. Die Termine für die Saison, die von Mai bis Oktober reicht, sind heiß begehrt und weit im Voraus ausgebucht.

Der Ankerplatz an der Kökelsumer Brücke ist schnell gefunden. Er liegt nur wenige Minuten vom Naturparkhaus entfernt. Und dann kann es auch schon losgehen. Volle Fahrt voraus, wobei es dabei sehr entschleunigt zugeht. Ein Abstecher zum Pier lohnt sich übrigens auch dann, wenn kein Ausflug ansteht. Ein Picknickplatz am Ankerplatz lädt zu einer Auszeit ein und von der einzigartigen Weidenaussichtsplattform kann man wunderbar über die Steveraue schauen. Wer Glück hat, erhascht noch einen Blick auf Störche in ihrem Storchennest.

TIPP
Es empfiehlt sich, rechtzeitig zu buchen. Neue Termine fürs Folgejahr gibt es online zum Jahresende.

● Naturparkhaus Steveraue, Kökelsumer Straße 66 a, Tel. (0 25 95) 3 88 97 20, 59399 Olfen, www.olfen.de

36 Fish & Chips XL in Emsdetten

In Backteig frittiertes Fischfilet serviert mit ebenfalls frittierten und im Vergleich zu Pommes sogar etwas dickeren Kartoffelstäbchen – fertig sind die Fish 'n' Chips. Die kennt man vor allem als das populärste Streetfood-Gericht Großbritanniens. Man könnte auch von einem inoffiziellen Nationalgericht sprechen, dessen Beliebtheit schon längst auf andere Länder übergeschwappt ist. Bei manchen mag allein schon der Gedanke an solch knusprig zubereitete Gerichte den Dopaminturbo anwerfen. Sollte einen der Appetit auf solche oder andere Meeresspezialitäten packen, ist es nicht nötig, umständlich die Koffer zu packen. Was Leckeres schnabulieren, das geht auch bei einem Stopp im Fish & Chips XL in Emsdetten direkt am Grevener Damm.

Dort gibt es holländische Fish-&-Chips-Spezialitäten, wobei man stolz auf inzwischen mehr als 40 Jahre Erfahrung zurückblickt. Und schon der Name drückt aus, was einen erwartet. Kein Chichi und keine Sterneküche, sondern einfache, ehrliche Kost. Schnell und lecker. Also Platz genommen im maritim dekorierten Gastraum. Im Unterschied zu so manchem Anlaufpunkt auf den Britischen Inseln ist das Angebot hier keineswegs nur auf Fish and Chips beschränkt. Die werden hier übrigens nicht mit Kartoffelstäbchen serviert, sondern mit Bratkartoffeln.

Daneben findet sich auf der Karte noch allerlei anderes aus Neptuns Reich, wie Krabben, Scampi, Calamares, Scholle, Lachs, Rollmops, Bismarckhering und Co. Alles wird gleich mehrfach in der Woche frisch angeliefert. Selbstredend dürfen auch holländische Klassiker nicht fehlen, wie die als Kibbelinge bekannten, mundgerecht geschnittenen Fischhäppchen oder – wer lieber auf Fleisch setzt – Frikandel, die hier auch in einer XXL-Version serviert werden. Aber auch so dürften die normalen Portionen für die meisten mehr als ausreichend sein. Manchmal liegt das Glück eben in der Einfachheit.

- Fish & Chips XL, Grevener Damm 38, 48282 Emsdetten, Tel. (0 25 72) 9 60 85 51 www.fishandchipsxl.de
- ÖPNV: RB 65, RE 15, Bahnhof Emsdetten

Fish&
Chips
XL

Blaues Glück hoch drei

37 Der Bergeshöveder Steg bei Bevergern

Zugegeben: Eigentlich ist die Überschrift ein bisschen irreführend, eine Untertreibung. Denn hier gibt es nicht nur einen Glücksort. Es sind gleich mehrere. Man kann quasi aus dem Vollen schöpfen. Aber manchmal lohnt es sich, einen Ort besonders hervorzuheben. Und das ist in diesem Fall zunächst der Bergeshöveder Steg, eine restaurierte Rad- und Fußgängerbrücke.
Im Vergleich zu so manchen heutigen Brückenbauten kommt die Stahlkonstruktion aus Nietentechnik fast filigran daher. Es ist ein bisschen so, als hätte jemand dem berühmten Eiffelturm in Paris ein paar Teile entnommen und sie hier zu einer Brücke zusammengesetzt. Die über 100 Jahre alte Brücke – fertiggestellt wurde sie 1914 – hat es ungezählten Personen ermöglicht, über die Jahrzehnte hinweg von der einen Seite des Dortmund-Ems-Kanals auf die andere zu gelangen. Es ist aber nicht nur die Brücke selbst, die so interessant ist. Es ist auch das Gebiet drum herum, auf das man von der Brücke aus einen wunderbaren Blick hat. Hier trifft nämlich der Mittellandkanal auf den Dortmund-Ems-Kanal und sie bilden gemeinsam das „Nasse Dreieck". Da Paris schon eine Rolle spielte, kann man, um beim Bild der französischen Lebensart zu bleiben, auch von einem Tête-à-tête sprechen. Klingt vielleicht etwas erbaulicher, als von einem wichtigen Knotenpunkt der Binnenschifffahrt zu sprechen, was es natürlich ist. Ganz augenscheinlich hat dieser Ort seinen Reiz, denn regelmäßig wird er von vielen Besucherinnen und Besuchern aufgesucht. Einer hat es mal so formuliert: „Hier kann man die Seele baumeln lassen." Beispielsweise rund um den auffälligen roten Pavillon. Oder man macht sich auf zur Schleuse Bevergern gleich um die Ecke beziehungsweise stärkt sich in der nahe gelegenen Gastronomie und lässt die zahlreichen Kähne an sich vorbeiziehen. Oder wie wäre es, einen ganz anderen Aussichtspunkt aufzusuchen, die „Kleine Loreley"? Ja, auch die gibt es. So viele Glücksmomente, die betören.

- Bergeshöveder Steg, Am Hafen, 48477 Hörstel
- ÖPNV: Bus R21, Haltestelle Bevergern Westfalenstraße

Aufgetaucht!

38 Die Berkel im Schlosspark in Coesfeld

Sollte ein Besuch der Innenstadt von Coesfeld schon einige Jahre zurückliegen, wird man heute bei einem Abstecher zum Schlosspark erstaunt sein: Nichts ist mehr wie früher. Längst ist dort ein neuer (Glücks-)Ort entstanden. Mithilfe von Bürgerbeteiligung wurde hier ein schönes Ziel verwirklicht: Die Berkel ist nunmehr in der Stadt wieder sicht- und erlebbar.
Als Nebenfluss der IJssel ist die Berkel einer der letzten Sandbäche im westlichen Münsterland. Sie entspringt in den Baumbergen, bevor sie sich auf ihren langen Weg in die Niederlande macht. Das Flüsschen fließt mitten durch die Stadt Coesfeld, die sich auch als Berkelstadt präsentiert. Bis in das 18. Jahrhundert hinein war sie sogar von hier aus schiffbar. Später zum Abwasserkanal degradiert, wurde die Berkel über lange Jahre stiefmütterlich behandelt und schließlich im Innenstadtbereich fast komplett begradigt, verrohrt und überdeckelt. So konnte das nicht weitergehen. Im Zuge der Regionale 2016 wurde dann das Projekt „Befreiung der Berkel" ins Leben gerufen. Das Flüsschen sollte das Stadtleben wieder aktiv mitgestalten und Erholung bieten. Mission geglückt! Die Berkel ist im wahrsten Sinn des Wortes wiederaufgetaucht.
Aus ihrem Betonkorsett befreit, schlängelt sie sich nun wieder streckenweise durch den Park. Zur Freude aller. Und als weiterer Beleg dafür, wie sich mit Engagement Glücksziele erreichen lassen. Ein neues Idyll inmitten der Stadt wurde geschaffen, das mit dem Wissen um die Entwicklung dieses Areals deshalb gleich doppelt beglückt. Heute lädt der Uferbereich mit direktem Zugang zum Wasser zum kurzen oder auch längeren Verweilen ein. Gestaltungselemente wie ein Steuerrad, ein Fass oder auch ein Ruder erinnern zugleich an vergangene Zeiten, als Coesfeld zur Hanse gehörte. Ein echter Treffpunkt, der immer wieder auch für verschiedene Veranstaltungen genutzt wird, von Livemusik bis hin zu Theatervorführungen. Die Berkel bietet Bühne.

TIPP

Wer mehr über die Geschichte der Berkel erfahren möchte, kann eine Führung buchen.

- Schlosspark Coesfeld, Beguinenstraße, 48653 Coesfeld
- ÖPNV: Bus R81, 711, Haltestelle Lambertikirche

Abgetaucht!

39 Der Unterwasserpark in Ibbenbüren

Verborgene Unterwasserwelten, das verspricht ein Tauchgang im Unterwasserpark in Ibbenbüren. Hier wurde nicht gekleckert, sondern geklotzt. Erwartet den Tauchlustigen doch der größte künstlich angelegte Unterwasserpark weltweit.

Aber erst einmal wird über der Erde gestartet. NaturaGart ist *das* Ziel für Teichbauinteressierte in Deutschland und darüber hinaus. Lädt hier doch ein kleines Teichgebiet – liebevoll angelegt inmitten eines Blütenmeeres – zum Spazierengehen ein. Und immer wieder einmal lockt auch für Nichttaucher ein Blick durch das eine oder andere Fenster in die Aquarienwelt. Wer dann aber selbst noch tiefer eintauchen möchte: Überaus imposant kommt ein rund 6000 Quadratmeter großer Teich daher, ja fast schon ein See. Er ist nicht zu übersehen und zur Blütezeit mit Seerosen übersät. Aber das ist nur die eine Seite der Medaille. Die andere liegt verborgen unter dem Seerosenmeer und erschließt sich nur denen, die auf Tauchstation gehen. Sie zieht es zur Tauchbasis im großen Glashaus mit Palmengarten. Dort bekommt man alles Nötige: von der Beratung bis zum Equipment. Und schon kann's losgehen. Zum Einstieg vielleicht im Rahmen eines Schuppertauchens oder Anfängerkurses oder auch – je nach Erfahrung – auf eigene Faust mit Buddy. Von einer Tempelanlage bis hin zu Höhlen, Schluchten und einem Wrack gibt es hier in einer Tiefe von bis zu 8 Metern viel zu entdecken. Besonders reizvoll ist ein Tauchgang, wenn sich die Sonnenstrahlen im Wasser brechen oder wenn die bis zu 2 Meter langen Störe angeschwommen kommen. Sie lassen sich übrigens gar nicht – Achtung, Wortspiel – stören, sondern begutachten einen neugierig und freundlich, bevor sie weiterziehen. Und so zieht man auch selbst weiter durch die Unterwasserwelt. Und das alles scheinbar schwerelos, vorausgesetzt, man beherrscht eine der wichtigsten Fertigkeiten beim Tauchen, das Tarieren, um dann ausgeglichen und entspannt dahinzugleiten. Das Glücksempfinden kommt dabei von ganz allein. Garantiert!

TIPP

Überirdische Pflanzenschönheiten kann man im Botanischen Garten Loismann im Stadtteil Dörenthe bewundern.

- NaturaGart, Riesenbecker Straße 63, 49479 Ibbenbüren, Tel. (0 54 51) 5 93 40 www.naturagart.de
- ÖPNV: Bus R21, 285, Haltestelle Dörenthe NaturaGart/Botanischer Garten

Grenzerfahrung

40 Der Drilandsee in Gronau

Man glaubt es kaum, aber im Münsterland gibt es tatsächlich Seen wie Sand am Meer – oder eben wie Sand am See. Größere und kleinere, bekanntere und unbekanntere. Was dabei nicht gilt: „Kennst du einen, kennst du alle!" Ist doch jeder See auf seine Art unverwechselbar, sodass sich gerade unter dem Thema Glücksaspekte immer etwas Neues finden lässt.

Einer der bekannteren Vertreter ist der Drilandsee oder Dreiländersee. Warum Dreiländersee? Ganz einfach: Im 19. Jahrhundert verlief hier die Grenze zwischen Westfalen, der Grafschaft Bentheim und der niederländischen Provinz Overijssel. Und noch heute liegt der See an der westlichen Seite genau an der Grenze zu Niedersachsen und ist zugleich nur einen Steinwurf von den Niederlanden entfernt.

TIPP
Im Restaurant Seeblick kann man sich verwöhnen und den Blick über den See schweifen lassen.

In den 1970 Jahren künstlich angelegt, wurde er mit dem Ziel geschaffen, ein mannigfaltiges Freizeitangebot zu bieten, egal ob Wassersport oder entspannte Auszeit mit Strandfeeling. Und das alles quasi vor der Haustür oder um die Ecke, ohne dass man gleich an die Nord- oder Ostsee oder gar mit dem Flugzeug in weitere Gefilde reisen müsste. Perfekt also für einen spontanen Tagesausflug. Oder man verweilt etwas länger auf dem nahe gelegenen Campingplatz. Füße in den warmen Sand stecken, einfach mal Luft holen, durchatmen, die Sonne genießen und sich umschauen. Mit etwas Glück lässt sich dabei entdecken, wie in unmittelbarer Nähe eine Sandskulptur entsteht. Eindrucksvoll, wie nach und nach aus Sand und Wasser ein kleines Kunstwerk wird.

Solche Sandskulpturen haben eine lange Tradition. Im alten Ägypten berechnete man damit Winkel und Kanten und Missionare nutzten sie für die Illustration biblischer Geschichten. Die Sandkunst, wie wir sie heute kennen, hat an der amerikanischen Westküste ihren Ursprung und längst viele Künstler weltweit inspiriert. Und so viel Inspiration ist ansteckend. Es muss also nicht immer eine Sandburg sein. In diesem Fall geht auch ein „See-Hund".

- Drilandsee (Dreiländersee), Zum Badesee 50, 48599 Gronau
- ÖPNV: Bus 969, Haltestelle Gronau (Westf) Dreiländersee/L572

Chillen statt jammern

41

Das Jammertal Resort in Ahsen

Auf den ersten Blick mag man die Stirn runzeln. Ein Ort namens Jammertal soll Erholungssuchenden Entspannung, Wellness und Glücksgefühle bieten? Da sei der vermeintliche Widerspruch doch gleich einmal aufgeklärt: Der Name Jammertal stammt nicht etwa von der biblischen Beschreibung des Tals der Tränen, sondern einer Überlieferung zufolge vom Gernebach, der einst wohl Gammersbach genannt wurde und nicht weit entfernt mitten im wunderbaren Naturschutzgebiet Haard nahe der Lippeaue fließt. Und Gammer wiederum soll auf den keltisch-germanischen Begriff für Wasser zurückgehen.

In diesen Rahmen fügt sich das idyllisch gelegene Wellnesshotel Jammertal Golf & Spa Resort, das bereits auf eine über 170-jährige Tradition zurückblicken kann, prächtig ein. Wenn auch an der Grenze gelegen, versteht sich diese Wellnessinsel als Resort im Münsterland, weshalb es nicht überrascht, dass es sogar eine gleichnamige Zimmerkategorie gibt.

Nach dem Einchecken im Hotel oder dem Beziehen des Stellplatzes, falls man mit dem Wohnmobil angereist ist, zieht es einen sogleich in die weitläufige Bade- und Saunalandschaft. Ein Schwimmteich, Innen- und Außenpools und ein Totes-Meer-Becken sorgen in der weitläufigen Anlage für viele blaue Glücksmomente. Wer etwas tiefer in das vielfältige Spa-Erlebnis eintauchen möchte, entscheidet sich für das Serailbad oder auch das Cleopatrabad. Allerdings locken auch ein Algen-, Fichtennadel-, Salz- oder Kräuterbad. Vielleicht möchte man aber auch die Wasserschwebliegen ausprobieren. Ach, wer die Wahl hat, hat ja bekanntlich die Qual. Aber wieso überhaupt wählen? Man kann doch einfach eins nach dem anderen genießen. Wenn sich da mal kein mannigfaches Glückserleben einstellt, getreu dem Familienmotto: „Mit Charme und Heiterkeit viel Spaß und Leichtigkeit in das Leben der Gäste bringen."

TIPP

In der Doppelschleuse Ahsen lassen sich Schiffe am Wesel-Datteln-Kanal beobachten.

● Jammertal Resort, Redder Straße 421, 45711 Datteln (Ortsteil Ahsen), Tel. (0 23 63) 37 70, www.jammertal.de

Toilette

Münsterland meets Asia

42 Der japanische Teegarten in Ibbenbüren

Ibbenbüren ist bezüglich blauer Glücksorte eine kleine Wundertüte. Ein ganz besonderer Ort liegt zunächst unscheinbar im Ortsteil Dörenthe. Da es sich um ein Privatgelände handelt, ist der Besuch für kleine Gruppen nur auf Anfrage oder am Tag der offenen Gärten möglich.

Hier in der Straße mit dem passenden Namen „Am Wasserwerk" hat sich Paul Ahmann seinen ganz persönlichen Glücksort erschaffen. In vielen Stunden und mit viel Liebe zum Detail ist ein japanischer Teegarten entstanden. Warum? Weil er die Philosophie lebt, die hinter einem solchen Teegarten steckt, das bedeutet, insbesondere achtsam und im Augenblick zu sein. Hier kann man sich aus dem täglichen Einerlei zurückziehen und von Alltagseinflüssen reinigen.

Schon der Gang durch den Garten Richtung Teehaus ist Teil eines Rituals. Farne, Gräser, Hecken, Gehölze und blühende Büsche stehen im Einklang mit verschiedenen Dekorationselementen. Bänke aus Stein, Findlinge und eine japanische Steinlaterne dienen der meditativen Einstimmung. Ganz wichtig dabei: die verschiedenen Wasserelemente, die diesen Ort zu einem einmaligen blauen Glücksort machen. Schon am Eingang, nachdem man das imposante rote Tor durchschritten hat, fällt der Blick auf einen kleinen Wasserfall. Etwas abseits steht ein weiterer Brunnen. Und dann der große Teich mit Brücke. Alles hier hat seine Bedeutung und seinen tieferen Sinn. Vieles ist auf das Wesentliche reduziert.

TIPP
Ein Besuch des Kulturspeichers am Kanalhafen Dörenthe lohnt sich.

Paul Ahmann führt mit Enthusiasmus und zahlreichen Anekdoten durch seinen Garten. Und nach und nach taucht man selbst tiefer ein in eine uns oft unbekannte Tradition. Zugleich lädt jeder Schritt auch dazu ein, einmal genauer in sich hineinzuspüren. Was man nach einem Besuch mitnimmt? Das Prinzip des japanischen Teegartens kann überall sein. Und wenn auch nur in unseren Gedanken.

● Japanischer Teegarten Paul Ahmann, Am Wasserwerk 13, 49479 Ibbenbüren, Tel. (01 75) 8 83 15 84, www.offene-gaerten-westfalen.de
● ÖPNV: Bus S50, Haltestelle Dörenthe Wasserwerk

Barrierefreies Glück

43 Die Schleuse am Dortmund-Ems-Kanal in Münster

Dass das Glück eine höchst individuelle Angelegenheit ist, zeigt sich sehr anschaulich an Orten, die eine vielfältige und zugleich auch sehr unterschiedliche Faszination ausüben: Schleusen beispielsweise. Für Technikbegeisterte sind es Meisterwerke der Ingenieurskunst mit komplexen Mechanismen. Für viele andere erschießt sich der Reiz bereits darin, zu bestaunen, wie Pötte von immenser Größe ein- und ausfahren. Das gilt auch für die Schleuse in Münster. Zu fast jeder Tageszeit und auch in den Abendstunden stoppen hier Radfahrer und Fußgänger, die das Treiben rund um die Schleuse beobachten oder einfach die Atmosphäre aufsaugen. So gesehen ist das auch ein Ort der Begegnung und der Verbindung. Was ganz wunderbar zu einer Schleuse passt, verbindet sie doch selbst: im Falle dieser Schleuse den südlichen Teil des Dortmund-Ems-Kanals, der bis zum Schiffshebewerk Henrichenburg – das ebenfalls sehr sehenswert ist – reicht, mit dem nördlichen Teil des Kanals, der zum „Nassen Dreieck" und der Schleuse Bevergern führt.

TIPP

Das Café Strandgut liegt etwa 10 Minuten mit dem Rad entfernt an der Kleimannbrücke.

Der Dortmund-Ems-Kanal wiederum verbindet seit 1899 Westfalen mit der Nordsee. Bereits damals entstand parallel zum Bau des Kanals eine erste Schleuse in Münster. Nach und nach wurde sie immer wieder erweitert und modernisiert, bis zum Neubau. Der hilft seit 2014 nahezu rund um die Uhr dabei, den Höhenunterschied von über 6 Metern zu meistern. Von alt zu neu. Man geht also mit der Zeit, um Hindernisse zu überwinden und wichtige Verbindungen nicht zu kappen.

So gesehen ist eine Schleuse in gewisser Weise sogar so etwas wie ein zeitloses Glückssymbol. Wer sich wieder aufmacht und weitere blaue Glücksorte in der Umgebung anpeilt, kann eine entspannte Fahrradtour entlang der zum größten Teil renovierten und prämierten, 27 Kilometer langen Kanalpromenade, des „Kanal-Highways", unternehmen, Richtung Rieselfelder oder auch Richtung Hafen und weiter nach Hiltrup und dort zum historischen Wasserwerk Münster Hohe Ward.

- Schleuse Münster, Schiffahrter Damm 192, 48145 Münster
- ÖPNV: Bus 4, Haltestelle Abzweigung Mariendorf

Oh, là, là!

44 Das Schloss Nordkirchen

Nun wird es einmal so richtig herrschaftlich. Das Schloss Nordkirchen ist sicherlich die imposanteste Anlage im gesamten Münsterland. Nein, an diesem Wasserschloss kommt man schwerlich vorbei. Und das merkt man schon beim Betreten des weitläufigen Landschaftsparks, wenn das Schloss selbst noch gar nicht in Sicht ist. Es wird auch „Westfälisches Versailles" genannt, in Anlehnung an das französische Vorbild. Man braucht also nicht nach Frankreich zu reisen, um eine solche Pracht genießen zu können.

Die größte und bedeutendste Barockresidenz Westfalens geht auf Fürstbischof Ferdinand von Plettenberg zurück, der sich hier ein ansehnliches Anwesen erschaffen ließ. Unter anderem drückte auch der wohl bedeutendste Baumeister des Westfälischen Barocks, Johann Conrad Schlaun, dieser Anlage seinen Stempel auf. Nach einer Bauzeit von 30 Jahren war das Werk 1734 vollbracht, samt einer überaus weitläufigen Gartenanlage. Zurück blieb ein hochverschuldeter Bauherr. Diejenigen, die heute in dem Schloss ein und aus gehen, kennen sich besser mit Zahlen aus, denn hier ist die Hochschule für Finanzen Nordrhein-Westfalen untergebracht. Das Schloss, das von zwei Wassergräben umgeben ist, kann im Rahmen von Führungen besichtigt werden, sogar unter zeitgemäß kostümierter Leitung. Ganz einfach so zum Lustwandeln auf eigene Faust steht Besuchern der Schlosspark offen. Sehenswert ist vor allem der Nordgarten mit seiner Venusinsel und den vielen Skulpturen. Einen Abstecher lohnen auch der im Ostgarten gelegene Chinesenbrunnen mit einem Wasserbecken von 11 Metern Länge und einer bis zu 10 Meter hohen Fontäne sowie das Libellenbiotop an der Capelleralle. Groß kommt das Schloss in Gänze daher. Im Kleinen finden sich überall Orte für Mußestunden. Man braucht sie nur für sich zu entdecken.

TIPP

Das hübsche Städtchen Nordkirchen lohnt sich für einen Besuch.

- Schloss Nordkirchen, Schloß 1, 59394 Nordkirchen, Tel. (0 25 96) 93 30
www.schloss.nordkirchen.net
- ÖPNV: Bus R53, Haltestelle Schlosspark

Wachgeküsst

45 Das Kunst-Café im Haus Vortlage in Lengerich

Das Märchen von Dornröschen – ein bisschen trifft es auf ein Rittergut zu, das sich im nordöstlichen Münsterland versteckt hatte. Bis in das 13. Jahrhundert reichen die urkundlichen Belege dieses Guts zurück. Was es wohl alles zu erzählen wüsste? Zuletzt lag es im Dornröschenschlaf. Nach Jahrzehnten endlich wachgeküsst, ist es nun wieder bereit, am Wochenende edle Damen und Herren im Kunst-Café zu empfangen. Wer das etwas Verwunschene schätzt, dem sei ein Stopp im Haus Vortlage unbedingt empfohlen.

Zugewachsen und ein wenig verwildert kommt es daher. Gleich der erste Blick wandert durch das Tor über einen Wassergraben, der das Anwesen umgibt. So ein Wassergraben – genauer gesagt eine Gräfte – ist für viele Adelssitze und Gehöfte im Münsterland typisch. Was ehemals Verteidigungszwecken diente, bildet heute einen überaus passenden Rahmen für einen Glücksort. Man weiß gar nicht, wie man diesen Ort richtig beschreiben soll: bezaubernd, verträumt, märchenhaft, ein wenig geheimnisvoll? Oder ein bisschen von allem? Jedenfalls ist er voller schöner Überraschungen. Der Weg hinter der Gräfte zum Kunst-Café führt vorbei an Skulpturen und Werken verschiedener Künstlerinnen und Künstler. Auf der Rückseite des von Efeu umrankten Herrschaftshauses findet sich ein charmanter Hinterhof, der zu einem Café umgestaltet wurde. Liebevoll dekorierte Details fallen einem gleich ins Auge und versüßen einem die Einkehr einmal mehr.

Das Kunst-Café ist an den Wochenenden sowie an Feier- und Brückentagen ganzjährig geöffnet. Alles in allem ein echter Geheimtipp, der sich übrigens weiterentwickeln soll. Denn der Ort ist nicht nur Denkmal, sondern auch Vereins- und Stiftungssitz, Begegnungsstätte und Zentrum für Kunst und Kreativität. Es lohnt sich also, wiederzukommen und nicht nur dem Genuss zu frönen, sondern auch dem kreativen Geist nachzuspüren, der den Garten und das alte Gemäuer an der Gräfte durchweht. Denn der eigenen Kreativität auf den Grund zu gehen, macht zweifellos glücklich. Und Wasser war schon immer eine Quelle der Inspiration.

- Kunst-Café im Haus Vortlage, Vortlager Damm 7, 49525 Lengerich, Tel. (0 15 77) 3 11 98 33, www.haus-vortlage.com
- ÖPNV: Bus R51, 141, Haltestelle Vortlage Reithalle

Blaues Kästchenhüpfen

46 Die renaturierte Aa in Münsters City-Nord

Wer in Münster nach einem blauen Glücksort fragt, erhält gleich mehrere passende Antworten. Da ist natürlich vor allem der Aasee. Doch das ist längst nicht alles. Das zeigt beispielsweise die City-Nord. Zugegebenermaßen kommt einem die nicht gleich in den Sinn, steht sie doch eher für Bürogebäude statt chillige Freizeiterholung am Wasser. Aber sind stille Wasser nicht bekanntlich tief? Man sollte diesen Teil von Münster daher ruhig mal etwas näher unter die Lupe nehmen. Hier wurde, wie auch an anderen Stellen in der Stadt, etwa der Westerholtschen Wiese in der Nähe des Aasees, die Münstersche Aa peu à peu von ihrem starren Korsett befreit, das ihr ab Anfang des vorigen Jahrhunderts verpasst worden war. Renaturierung lautet das Stichwort. Zur Freude vieler darf sich die Aa nun wieder etwas freier durch die Natur schlängeln. Gerade dann, wenn das Wetter mitspielt, nutzen viele die Gelegenheit zu einer Auszeit: bei einem Spaziergang, einem Picknick, während der Mittagspause oder einfach bei einem spontanen Zwischenstopp. So hat sich dieser Abschnitt entlang der Kanalstraße zu Recht in einen blauen Glücksort zurückverwandelt. Was zeigt, dass Veränderungen, denen man allzu oft skeptisch gegenübersteht, durchaus etwas Positives an sich haben können.

TIPP

Im Norden von Münster liegen die wunderbaren Rieselfelder als weiterer blauer Glücksort.

Es lohnt sich, hier mit offenen Augen unterwegs zu sein. Dann entdeckt man eine kleine Wasserfurt aus Trittsteinen, die ganz unerwartet zu einem persönlichen Glücksort werden kann. Raus aus den Stöckel- oder Alltagsschuhen, die Hosenbeine gegebenenfalls hochgekrempelt und dann hinüber auf die andere Seite. Ein kleines Sinneserlebnis für zwischendurch. Da schmeckt die mitgebrachte Stulle danach gleich doppelt so gut. Und wer noch nicht genug von blauen Glücksorten hat, kann den Stadtpark Wienburg mit dem Schilfsee auf der anderen Seite der Kanalstraße aufsuchen. Gerade im Herbst ist es ein wunderbares Bild, wenn der Nebel in den frühen Morgenstunden mystisch über den See wabert. Da kann die Glückstour dann weitergehen …

- Aa und Schilfsee in Münster-Nord, Nähe Kanalstraße, 48147 Münster
- ÖPNV: Bus 17, Haltestelle Nevinghoff

Glück an der Perlenschnur

47 Der EmsRadweg zwischen Harsewinkel und Rheine

Wer wusste es? Die Ems ist der kürzeste Fluss Deutschlands. Zugleich ist sie nach der Weser der zweitlängste Fluss, der in Deutschland entspringt. Und sie ist einer der bedeutendsten Flüsse des Münsterlandes – prägend sowohl für die Entwicklung der Städte entlang ihres Verlaufs wie auch der Region insgesamt. Es ist also wenig verwunderlich, dass es an der Ems viel zu sehen und zu erleben gibt.

Man kann die Ems paddelnd entdecken, was über weite Strecken möglich ist. Oder mit dem Rad, was noch münsterländischer wäre. Was lag also näher, als einen Radweg zu gestalten, der sich an der Ems entlangschlängelt? Und das über 375 Kilometer. Bezeichnenderweise trägt er den Namen EmsRadweg und gilt als einer der beliebtesten Radwege der Region. Er beginnt etwas außerhalb des Münsterlandes im Naturschutzgebiet Moosheide in Senne, einem Stadtteil von Bielefeld. Bei Emden mündet die Ems schließlich in den Dollart. Ein Abschnitt des Radwegs führt durch das Münsterland, wobei sich die gut ausgebauten Etappen problemlos in 2 bis 3 Tagen und damit an einem verlängerten Wochenende meistern lassen. Starten kann man in Harsewinkel im Osten, das landschaftlich gesehen schon zum Münsterland gehört. Dann geht es weiter über Warendorf, Telgte, Greven, Saerbeck, Emsdetten und durch zahlreiche andere hübsche Ortschaften bis nach Rheine, bevor sich die Ems dann wieder vom Münsterland verabschiedet und ins Emsland übergeht.

TIPP

Ein Schmankerl für Radfans ist die Rad-Route Dortmund-Ems-Kanal: vom Pott bis zur Waterkant.

Glücksmomente reihen sich hier auf wie an der Perlenschnur. Doch für das eigentliche Glücksempfinden sorgen nicht nur die zahlreichen Orte und Plätze mit ihrem jeweils eigenen Charme. Das Glücksempfinden liegt vielmehr darin, sich aufzumachen, unterwegs zu sein, mit dem Fluss an seiner Seite. Unbekanntes erstmals und Bekanntes wiederzuentdecken. Münsterland im Doppelglück.

● EmsRadweg, 33428 Harsewinkel, www.emsradweg.de

48 Rund um die Seebühne in Ochtrup

Bekannt ist das Münsterland nicht zuletzt für seine Parklandschaft: Wiesen und Äcker, Weiden und Koppeln und dazwischen immer wieder kleinere Wäldchen, Baumreihen oder Hecken. Ein in erster Linie grünes Landschaftsbild, das sich über Jahrhunderte entwickelt hat, aber auch immer wieder blaue Tupfer aufweist. All das gibt es im Kleinen oftmals in städtischen Parkanlagen, die dabei jeweils ihren ganz eigenen Charme versprühen. So wie der Stadtpark in Ochtrup, der ehemals ein Privatgarten rund um die Villa Winkel war.
Die Textilfabrikantenfamilie Laurenz ließ die Villa 1899 im Stil der Neorenaissance erbauen; sehenswert ist auch der Wintergarten mit den dekorativen Jugendstilfenstern. In den 1970er Jahren wurde der inzwischen städtische Park dann auch für die Öffentlichkeit zugänglich, wobei sich bis heute an manchen Stellen der Ursprung als Privatgarten erahnen lässt. Und zwischen viel Grün findet sich immer auch wieder Blau. Reichlich Blau.
Zwei große Teiche prägen das Bild. Da ist etwa der Fontänenteich, der sich schlangenförmig von der Villa bis zur Minigolfanlage zieht. Ein Highlight: die überdachte Seebühne. Sie hat sich zu einer überaus beliebten Location vor allem für Kulturveranstaltungen gemausert. Und auch dann, wenn gerade mal kein Trubel herrscht, ist sie ein beliebter Anlaufpunkt für eine kleine persönliche Auszeit direkt am See. Mit ein wenig Glück hat man die Seebühne sogar ganz für sich allein. Auf der anderen Uferseite steht eine Skulptur mit dem Titel „Balance", entstanden aus einem gekappten Kastanienbaum, in den zuvor ein Blitz eingeschlagen hatte. Upcycling auf eigene Art, die Mensch und Natur verbindet. Skulpturen mit skurrilen Namen wie „Nashornflügler" oder „Ochtruper Dickkopp" finden sich auch etwas weiter am Ententeich. Keine Frage, im Ochtruper Park rund um die Seebühne hat das Glück viele Gesichter.

TIPP
Die Wasserburg Haus Welbergen mit der Wassermühle südlich von Bökerhook am Gauxbach ist sehenswert.

- Stadtpark Ochtrup, Winkelstraße, 48607 Ochtrup, www.ochtrup.de
- ÖPNV: Bus 174, 182, Haltestelle Ochtrup Prof.-Gärtner-Straße

Brücken bauen

49 Die Dreibogenbrücke Alte Fahrt nahe Olfen

Man mag sich fragen, was glücklicher macht: Brücken hinter sich einzureißen oder Brücken zu bauen. Auch im übertragenen Sinne, wenn es um Brücken geht, die uns mit anderen verbinden. Wie tragfähig sind sie? Solche Gedanken könnten einem beim Anblick der Dreibogenbrücke Alte Fahrt nahe Olfen in den Sinn kommen. Ein Kunstwerk? Vielleicht. Eine solide und obendrein sehr sehenswerte Meisterleistung ganz sicher, die die Baumeister und Brückenbauer da im 19. Jahrhundert erbracht haben und die beim Betrachten an ein römisches Aquädukt erinnert.

Der Anlass seinerzeit war vergleichsweise profan. Zur Verbesserung des Handels hatte man seit jeher auch Wasserrouten genutzt. Und damit auch größere Kähne Richtung Nordsee schippern konnten, wurde der Dortmund-Ems-Kanal gebaut. Und mit ihm die Dreibogenbrücke. Für das Münsterland war das ein Bauwerk mit Seltenheitswert. Ein Unikum, das nicht etwa dazu gedacht war, als Brücke für Pferdefuhrwerke und später motorisierte Pferdestärken zu dienen, sondern selbst Wasserstraße war. Inzwischen ist sie außer Dienst gestellt und wird nicht mehr für die aktive Schifffahrt genutzt, ebenso wie acht weitere Teilstücke des Dortmund-Ems-Kanals. Daher auch der heutige Name Alte Fahrt.

Manche dieser alten Abschnitte sind noch mit Wasser gefüllt. Nicht allerdings die Dreibogenbrücke. Ungeachtet dessen präsentiert sie sich majestätisch mit ihren Bögen und hat nichts von ihrem Reiz verloren. Von oben bietet sich eine wunderbare Aussicht über die Steveraue und die Stever, die unten durch die Brückenpfeiler hindurchfließt. Wer die idyllisch gelegene Brücke in ihrer ganzen Pracht bewundern möchte, der sollte ein paar Schritte gehen. Ein kleiner Picknickplatz lädt an ihrem Fuß zum Rasten ein. Von dort ist gut zu sehen, wie sich die Brücke erhaben über die Stever spannt. Vielleicht fällt einem dabei ja ein, wo man selbst Glücksbrücken bauen könnte.

● Dreibogenbrücke Alte Fahrt, Zum Badesee 50, 59399 Olfen

Wasserspiele

50 Am Marktplatz der alten Hansestadt Ahlen

Dass in Ahlen irgendwo ein blauer Glücksort warten könnte, ahnt man schon bei einem Blick auf das Wappen der Stadt: Es zeigt einen geflügelten Aal. Warum? Das ist leider nicht geklärt. Wohl aber, dass sich der Name der Stadt von diesem fiktiven Wasserwesen ableitet. Ahlen zählte zudem – wie übrigens auch andere Städte im Münsterland – zur Westfälischen Hanse. Die Hanse war jener weitreichende Handelsverbund vor allem für seefahrende Kaufleute, die vom 12. bis in das 17. Jahrhundert hinein zum Wohlstand der Menschen beitrug. Zur Hanse gehörten vor allem küstennahe Städte wie Hamburg, Lübeck oder Wismar, die noch heute den Titel Hansestadt tragen. Im Münsterland waren neben Ahlen auch Münster, Telgte oder Warendorf Mitglieder der Westfälischen Hanse. Und die Tradition setzt sich fort. So ist Ahlen heute Mitglied der Neuen Hanse, eines in den 1980er-Jahren gegründeten Verbunds, der es sich zur Aufgabe gemacht hat, in den Bereichen Kultur, Tourismus und Handel die alten Traditionen über nationale Grenzen hinweg wieder aufleben zu lassen.

TIPP

Das Industriedenkmal „Wasserturm" an der Guissener Straße ist das Wahrzeichen von Ahlen.

Und der blaue Glücksort? Den findet man beispielsweise am vor nicht allzu langer Zeit umgestalteten Marktplatz. Mit Blick auf ein Wasserspiel lässt sich hier, wo das städtische Leben seinen Mittelpunkt hat, quasi in der ersten Reihe „thronen". Hier steht eine Bank. Eine lange Bank. Das Besondere daran: Nur ganz rechts und links sind die Plätze mit Arm- und Rückenlehne versehen. Wie zwei kleine Throne sehen diese Sitze aus. Lässt man sich dort nieder, hat man zur Linken das denkmalgeschützte alte Kaufhaus Holtermann und zur Rechten das Alte Rathaus im Blick. Dort lässt sich über dem Eingang übrigens auch das oben erwähnte Stadtwappen ausmachen, genauso wie als Mosaik auf dem Marktplatz. Ganz unauffällig und entspannt kann man hier eine Auszeit nehmen und dem Spiel des Wassers zuschauen. Mal den persönlichen Aus-Knopf drücken. Und sei es auch nur für einen Moment.

● Markt Ahlen, Markt, 59227 Ahlen
● ÖPNV: Bus C1, Haltestelle Marienplatz

Über das Wasser gehen

51 Das Aqua-Climb am Ternscher See in Selm

Aufmerksame Leser werden sich jetzt erstaunt die Augen reiben. Ein blauer Glücksort im Münsterland in Selm? Wie das? Ist das nicht schon Ruhrgebiet? Wie so oft im Leben sind die Grenzen fließend, so wie das Wasser selbst. Selm liegt zwar ganz am Rand des Ruhrgebiets, landschaftlich gesehen aber gerade noch am südwestlichen Rand der Westfälischen Bucht, in der naturräumlichen Haupteinheit des Kernmünsterlandes, wie es so schön heißt. Dort befindet sich auch der nördlichste Ortsteil von Selm: Ternsche. Und deshalb darf man jetzt mal großzügig sein, um diesen Glücksort nicht zu verpassen.

Was auf dem Foto recht unspektakulär aussehen mag, ist Adrenalin pur und bringt jede Menge Spaß. Im Ternscher See lockt nämlich die größte Kletteranlage Deutschlands über Wasser. Richtig gelesen. Hier kann man sozusagen über das Wasser gehen, klettern und schweben. Ausgestattet mit Neoprenanzug und Schwimmweste stürzt man sich direkt ins Vergnügen. Und das im wahrsten Sinne des Wortes. Eigentlich ist hier alles wie in einem Kletterpark auf festem Boden, mit Seilen, Kletterleitern, Schaukeln, Netzwand und vielem mehr. Nur besteht die Aussicht, sich bei einem Fehltritt in den Fluten des Ternscher Sees wiederzufinden. Aber das macht ja den Nervenkitzel aus. Also schnell wieder raus aus dem Wasser und abermals rauf auf den Kletterpark, um sich weiter über den See zu hangeln.

Kurz erwähnt werden muss, dass dieses Vergnügen hier am Rand von Selm mit Blick auf das Münsterland eigentlich durch Zufall entstanden ist. Ein Glücksfall sozusagen, der so nicht geplant war. Der 15 Hektar große See bildete sich in den 1930er-Jahren unbeabsichtigt. Eigentlich sollte hier Lehm für den Ausbau des nahen Dortmund-Ems-Kanals gewonnen werden. Dumm nur, dass man eine grundwasserführende Schicht angestochen hatte. Und schwups stand die Grube voller Wasser. Bis heute wird der See von mehreren darin liegenden Quellen gespeist. Und die Stadt Selm ist um eine grüne Oase mit Strandbad, Campingplatz und Co. reicher.

- Aqua-Climb Seepark Ternsche, Strandweg 103, 59379 Selm, www.aqua-climb.de

Zu Gast bei Freunden

52

Der Fietzengarten in Coesfeld

Der eigene Garten ist für viele *der* Glücksort schlechthin. Sogar von der Gartenarbeit sollen manche ja gar nicht genug bekommen. Wer keinen eigenen Garten oder Schrebergarten hat oder sich aus anderen Gründen zwanglos mit Freunden und Familie unter freiem Himmel treffen möchte, findet einen chilligen Ort am Rand von Coesfeld am Honigbach: den Fietzengarten. Schon der Name „Fietze" ist für jeden eingefleischten Münsterland-Fan Musik in den Ohren.
Die Idee dazu hatte Familie Kestermann zu Coronazeiten. Treffen in geschlossenen Räumen? Eher keine so gute Idee. Warum also nicht die Not zur Tugend machen? Und das schöne Grundstück gab es ja schon – mit Bäumen, Hecken, einer großen Wiese und einem Teich, der durch den Honigbach gespeist wird. Also wurden die Ärmel hochgekrempelt und das Grundstück verwandelte sich in ein Kleinod für Erholungssuchende, samt Gastronomie und viel Liebe zum Detail. Aus diesem Stückchen Land entstand so ein kleines Paradies, in dem zwar weder Milch noch Honig fließen, dafür aber in der Gartensaison alles geboten wird, was man sich für einen entspannten Aufenthalt wünscht. Und ein Name war auch schnell gefunden. Die Besucher sollen ja mit dem Fahrrad kommen, da hier in der freien Natur keine Parkplätze vorhanden sind. Und „Fahrrad" heißt gerade im westlichen Münsterland nicht nur „Leeze", sondern durch die Nähe zu den Niederlanden oft auch „Fietze" – schon war der Name Fietzengarten geboren!
Den Besucherinnen und Besuchern gefällt's, wie die zahlreichen Fietzen vor den Toren des Gartens zeigen. Das Motto hier passt: „Die Lust, Gast zu sein." Und schnell ist auch ein Lieblingsplatz auserkoren. Vielleicht „Am Binnenwasser" mit dem markanten blauen Fahrrad. Oder auch sonst wo. Platz gibt es schließlich reichlich. Und so kann man sich hier ein bisschen verwöhnen lassen. Idyllisch am Teich oder am Honigbach.

TIPP

Ein Besuch der nahe gelegenen Bischofsmühle am Honigbach bietet sich an.

- Erlebnisraum Fietzengarten, Harle, 48653 Coesfeld, Tel. (01 70) 8 38 68 52 www.fietzengarten.de
- ÖPNV: Bus R62, 587, Haltestelle Bertels

Am Binnenwasser
AM ABEND GEHT
DIE SONNE AUF.

Am rauschenden Bach

53

Das Wasserrad in Billerbeck

Wenn man sich unter denen, die in Billerbeck groß geworden sind, umhört und einmal fragt, was typisch für die Gegend ist, dann gehört das Wasserrad an der Berkel eindeutig dazu. Ja, das gibt es noch beziehungsweise wieder. Da werden bei manchen zunächst Kindheitserinnerungen wach. Auch sie können glücklich machen. Wer nicht von Kindesbeinen an mit dem Wasserrad aufgewachsen ist, wird sich vielleicht denken: Na und? Ein Wasserrad halt. Aber man kann das auch anders sehen. Wie so oft, wenn man einmal genauer hinschaut und sich vielleicht sogar die Mühe macht, hinter das direkt Sichtbare zu blicken.

Der erste Eindruck: Es grünt so grün! Der Spruch von Eliza aus dem Musical „My Fair Lady" kommt einem direkt in den Sinn. Hier sind es zwar nicht – wie von Eliza besungen – Spaniens Blüten, die blühen, dafür verleihen der Grünspan und die Moose, die dem Wasserrad und dem Mauerwerk drum herum anhaften, dem ganzen Umfeld eine geradezu magische Aura. Und die wirkt. Dazu der kleine Wasserfall, der sich in Kaskaden ergießt. Einst befand sich hier bis in die 1970er-Jahre eine Mühle, die jedoch abgerissen wurde. Geblieben sind die Erinnerung an die Mühle und – was für ein Glücksfall – zugleich auch das Bemühen, hier ein Stück Billerbecker Stadtgeschichte zu erhalten.

TIPP

Am Wasserrad führt der beschilderte Wanderweg Berkelspaziergang vorbei.

Fast 30 Jahre dauerte es, bis 1999 das jetzige Mühlrad mit Teilen der Mauer entstehen konnte. Neben einem Stück alter Mauer sind auf der Brücke auch ein Mahlstein und ein Wappen aus dem Jahr 1717 zu entdecken, alles finanziert mit Spendengeldern aus der Bevölkerung, was einmal mehr die Verbundenheit der Einwohner mit diesem Ort unterstreicht. Das ruft einem bei einem Besuch ins Gedächtnis, dass man zwar im Hier und Jetzt lebt, vielleicht auch für die Zukunft plant, aber dass auch das Vergangene einen wertvollen Platz behalten sollte. Wer besonderes Glück hat, kommt vorbei, wenn sich das Rad – damals wie heute immer ein wenig quietschend – unter den fallenden Wassermassen dreht. Ganz verwunschen eingebettet zwischen alten Gemäuerüberbleibseln: Magic Mühlrad!

- Wasserrad an der Berkelaue, Mühlenstraße 34, 48727 Billerbeck
- ÖPNV: Bus 563, 565, 567, 587, 589, Busbahnhof Billerbeck

Rutschpartie

54 Wasserspaß auf dem Ketteler Hof in Lavesum

Im Naturpark Hohe Mark im südlichen Münsterland, an der Grenze zum Ruhrgebiet gelegen, sorgt der überregional bekannte Freizeitpark Ketteler Hof schon seit Jahrzehnten für leuchtende Kinderaugen. Und auch Erwachsene, so hört man, kommen hier durchaus auf ihre – mitunter nassen – Kosten. Geprägt von dem Motto „Natur und Abenteuer pur" setzt man im Ketteler Hof, der auf eine lange Geschichte zurückblicken kann, voll und ganz auf Aktivität. Ein Mitmach-Erlebnispark sozusagen: Kletterwelten, Cross-Go-Kart und allerlei andere Attraktionen verteilen sich auf der rund 115.000 Quadratmeter großen Spielanlage.

Selbstredend stehen verschiedene Wassererlebnisse hier hoch im Kurs. So bietet der Kletterhafen nicht nur Klettermöglichkeiten. Auch ein passendes Boot findet sich, um ganz in Piratenmanier in See zu stechen. Für alle Wassermänner und Nixen gibt es obendrein an der Wasserspielmauer reichlich Gelegenheit zum Experimentieren. Und dann ist da natürlich noch die schon von Weitem sichtbare Wasserrutsche in Knallgelb. Mit Speed geht es im Schlauchboot die Abfahrt hinunter. Ein nasses Highlight, das für beschwingtes Vergnügen sorgt. Wer es noch ein Stück rasanter mag, macht sich auf zur Tubingbahn: Geschwindigkeit, Adrenalin und wilde Drehungen sind hier garantiert. Also gut festhalten und durchstarten!

TIPP

Eine Wanderung in der Hohen Mark direkt vor den Toren des Parks macht natürlich auch glücklich.

Man munkelt, dass der Nachwuchs hier schon erschöpft, aber happy eine Pause einlegen wollte und statt Klein dann Groß noch eine letzte Runde drehte. Und sollte sich das Wetter ausnahmsweise doch einmal von seiner weniger schönen Seite zeigen, wie es dem Münsterland völlig zu Unrecht zugesprochen wird – sprich sollte es doch einmal regnen –, kann man im Indoorspielplatz mit seinen verschiedenen Themenwelten rund um den Globus und bis zu den Sternen abtauchen, also von Afrika bis zum Weltraum fliegen.

- Ketteler Hof, Rekener Straße 234, 45721 Haltern am See (Ortsteil Lavesum), Tel. (0 23 64) 34 09, www.kettelerhof.de
- ÖPNV: Bus 275E, Haltestelle Ketteler Hof

Schöne Aussichten

55 Der Offlumer See in Neuenkirchen

Wenn man die über die Region hinaus bekannte Münsterländer Parklandschaft mit etwas verbindet, dann mit Natur, Wiesen, Weiden und ganz viel Grün. Dass hier aber auch Industriekultur zu finden ist oder war, hat man oft nicht präsent. Ein schönes Beispiel mit wunderbarem Erholungswert ist das Gebiet rund um einen prächtigen See, den Offlumer See. Heute ist er einer der Naherholungshotspots der Region.

Wie viele Seen entstand er durch den jahrzehntelangen Abbau von Sand und Kies. Diese Zeiten sind längst passé. Spannend ist es dennoch, ein wenig tiefer in die Geschichte zu blicken, über die man bei einem Rundgang um den See mehr erfahren kann. Ehemals war dieser See so gar nicht ohne Weiteres erreichbar. Zwischenzeitlich war er sogar militärisches Sperrgebiet. Nach dem Ende des Zweiten Weltkriegs diente das Areal als Auto- und Panzerfriedhof. Es herrschte strengstes Betretungsverbot. Dennoch versuchte der eine oder andere sein Glück, indem er sich in Zeiten des Mangels Zutritt verschaffen wollte, um vielleicht das eine oder andere wertvolle Ersatzteil zu ergattern. Aber auch davon findet sich heute keine Spur mehr.

Der See gehört jetzt voll und ganz den Erholungssuchenden und Freizeitsportlern. Nur vereinzelt fällt noch ein Kuriosum auf. Wohin bloß mit den alten Abfülltrichtern für Sand und Kies aus längst vergangenen Abbauzeiten? Ganz einfach: stehen lassen, rot anstreichen und mit Treppe und Plattform versehen. Und schon wird etwas Schönes, Tolles und Einzigartiges daraus: Industriedenkmal und Aussichtsplattform in einem. Also hinauf und sich mit einem wunderbaren Blick über den See belohnen. Dort oben befindet man sich an einem blauen und zugleich auch auf einem roten Glücksort. Und direkt nebenan kehrt man danach in die Ewige Liebe ein. Denn Liebe, das wissen große und kleine Glückskinder, geht durch den Magen …

TIPP

Quasi nebenan laden die St. Arnolder Seen ebenfalls zur Erholung ein.

- Offlumer See, 48485 Neuenkirchen, www.offlumer-see.de
- ÖPNV: Bus R80, Haltestelle Neuenkirchen-Molkerei/Offlumer See

Wiederentdecktes Glück

56 Unterwegs am Max-Clemens-Kanal

Alles hat ja bekanntlich seine Zeit. Das galt auch für den „Münsterschen Canal". Der führte einst von Münster ins nordwestliche Münsterland, Max-Clemens-Kanal wurde er erst viel später genannt. 1724 erfolgte der erste Spatenstich. Wie überliefert, geschah das sogar im Beisein des Kölner Kurfürsten und Fürstbischofs von Münster, Clemens August I., samt Hofstaat. Es hätte offenbar ein herrschaftliches Werk werden sollen. Am Ende reichte die rund 36 Kilometer lange Strecke bis Maxhafen, eine Bauernschaft bei Wettringen. Unerreicht blieb die weitere Anbindung Richtung Niederlande oder gar zur Nordsee. 1840 gab man den Kanal auf.

Heute erzählen die verbliebenen Teile des Kanals ein Stück Münsterländer Heimatgeschichte. Zeugnisse sind etwa die Kanalstraße in Münster oder die Hölt'ne Schluse, eine ehemalige hölzerne Schleuse und heute ein gleichnamiges Gasthaus.

Teile des Kanals führen nur noch vereinzelt Wasser. Andere Stellen liegen trocken und sind bloß als Mulden zu erkennen. Trotzdem hat der Kanal über 175 Jahre nach seiner Stilllegung heute wieder eine Bestimmung. Wiederentdecktes Glück, möchte man meinen, dass sich entlang einer Rad- oder Wanderstrecke erkunden lässt. Ein besonderer Halt: Lintel's Kotten in Emsdetten. Hier sollte man von der Straße hinunter zum Mühlenbach gehen. Die kleine Bank am Bach lädt zu einer Pause ein, doch man sollte den Blick nicht auf den Bach richten, sondern in die entgegengesetzte Richtung. Auffällig sind einige Bäume, von deren Rinde weiße Farbe blättert. Bis zur Höhe der Markierung reichte einst das Wasser des Kanals. Zeit für etwas Kopfkino: Wie es wohl gewesen sein mag, als hölzerne Frachtkähne, von zwei Pferden an den Uferseiten gezogen, das Landschaftsbild prägten? Oder ein Postschiff, beladen mit Textilien und Getreide, Briefen und Passagieren? Wer sich morgens in Münster aufmachte, war nachmittags in Maxhafen. Heute spricht nichts dagegen, es noch gemächlicher anzugehen. Und darüber nachzudenken, wo sich das eigene Glück wiederentdecken lässt.

● Max-Clemens-Kanal, Hollingen 18, 48282 Emsdetten
www.max-clemens-kanal.de
● ÖPNV: Bus 176, 262, Haltestelle Lintel's Kotten

Rausgepickt

57 Die Wasserburg Vischering in Lüdinghausen

An der Burg Vischering kommt man im Münsterland nicht vorbei. Sie fehlt in keinem Reiseführer oder Bildband, zählt sie doch zweifellos zu den bekanntesten Wasserburgen des Münsterlandes. Und in ein Buch über blaue Glücksorte gehört eine so auffällige Burg allemal, erst recht, wenn sie nicht nur eine der ältesten, sondern zugleich auch eine der besterhaltenen Anlagen ist. Es lohnt aber auch, die Burg einmal unter einem etwas anderen – süßen – Blickwinkel zu betrachten. Doch zunächst ein paar Eckpunkte.

Schon im 13. Jahrhundert wurde sie das erste Mal urkundlich erwähnt und ein Jahrhundert später erhielt sie ihren Namen, als sie Stammsitz der Familie Droste zu Vischering wurde. Sie besteht aus einer Vorburg und einer über eine Holzbrücke mit ihr verbundenen Kernburg, die jeweils auf eigenen Inseln liegen. Ein wirklich prächtiges Anwesen. Und ein Paradebeispiel für eine Münsterländer Wasserburg, sogar mit Alleinstellungsmerkmal: Charakteristisch ist der Wasserring, der die Burg ummantelt. In dieser Form ist er im Münsterland einzigartig.

Heute beherbergt die Burg unter anderem das Museum Burg Vischering. Kunst und Kultur werden hier seit jeher großgeschrieben. Schon 1919 diente die Burg als Kulisse für einen heute verschollenen Film des Regisseurs Friedrich Wilhelm Murnau, der unter anderem durch „Nosferatu – Eine Symphonie des Grauens" bekannt wurde. In dem Film mit dem passenden Titel „Der Knabe in Blau" fügt sich nach zahlreichen Unglücken doch noch alles zu einem glücklichen Ende.

Die Burg hat viel zu bieten. Es ist fast so, als könnte sich jeder seine eigenen Rosinen herauspicken. Apropos … hiermit sind wir nun bei dem Punkt, der die Burg Vischering zu einem echten Glücksort macht. Der kleine Brotladen direkt an der Burg bietet ein hervorragendes Rosinenbrot. Ein Klassiker. Und ist es nicht so, dass die wunderbare Süße der Rosinen erst entsteht, wenn man den Weintrauben das Wasser entzieht? So schmeckt Glück.

TIPP

Nur einen Steinwurf entfernt liegt die Burg Lüdinghausen.

- Burg Vischering, Berenbrock 1, 59348 Lüdinghausen, www.burg-vischering.de
- ÖPNV: Bus S90, Haltestelle Lüdinghausen, Abzweigung Burg Vischering

Wasser, Weite & Wacholder

58 Das Erholungsgebiet Haddorfer Seen

Die Haddorfer Seen sind, wie auch so manch andere Naherholungsgebiete im Münsterland, aus ehemaligen Sand-, Kalk- oder Kiesabbaugruben entstanden. Zusammen mit dem Offlumer See wurde an den Haddorfer Seen im Jahre 2004 das Projekt „Sprung über die Kiesbank" umgesetzt, um die touristische Attraktivität der beiden Naherholungsgebiete zu steigern. Und so bieten die Haddorfer Seen hier an der Grenze zu Niedersachsen allerlei Freizeitmöglichkeiten, denen man sich an und auf den Seen hingegeben kann. Klingt für sich genommen schon reizvoll.

Und es kommt noch besser. Die Haddorfer Seen und das Gebiet drum herum heben sich deutlich von anderen bekannten Gewässern ab. Gerade im Frühling zur Wacholderblüte. Oder im Spätsommer und Herbst, wenn es langsam kälter wird und die Badesaison sich dem Ende zuneigt. Dann beginnt die Zeit der Heide. Tatsächlich findet sich hier ein kleines Fleckchen als Überbleibsel einer ausgedehnten Wacholder- und Heidelandschaft, wie sie vor mehr als 100 Jahren an diesem Ort typisch war. Während in früheren Zeiten der karge Heideboden für unsere Vorfahren kaum etwas Ergiebiges hervorbrachte, schenkt er heute farbliche Glücksmomente für die Seele. Die lassen sich am besten bei einem nicht ganz 2 Kilometer langen Spaziergang rund um den kleinsten der Seen ausmachen. Wer braucht da die lange Anfahrt zur Lüneburger Heide? Hier kann man fast um die Ecke das satte Farbenspiel aus Rot, Rosa und Violett und das Blau des Sees genießen.

Ein Wegenetz führt durch das Gebiet. Eine einsame Bank für einen kleinen Halt mit Blick auf den See wird sich ebenfalls finden. Vielleicht mit einer Tasse Tee aus der mitgebrachten Thermoskanne. Wer mag, kann am Ende des Spaziergangs ins Seecafé am Naturfreibad einkehren. Eine kleine Stärkung ist doch immer willkommen. Wunderbar ist es hier an den Haddorfer Seen auch außerhalb der trubeligen Jahreszeit. Ein buntes Paradies für eine Auszeit zwischendurch.

- Erholungsgebiet Haddorfer Seen, 48493 Wettringen, www.wettringen.de
- ÖPNV: Bus 61, Haltestelle Zu den Höfen

See
Café

Sprudelndes Glück

59 Die Quellen in den Baumbergen

Die Baumberge sind ein überaus beliebtes Ausflugsziel im Münsterland, das etwas mystisch ist und bekannt für seine vielen kleinen Berge, Pardon, eher Erhöhungen bis zu 188,7 Metern. Der höchste Berg ist der Westerberg mit dem Longinusturm. Aus den Baumbergen stammt auch der beliebte Sandstein, der Marmor des Münsterlandes. Mit seinem warmen Gelbton ist er in vielen historischen Bauten im Münsterland verarbeitet und verleiht ihnen ihr charakteristisches Aussehen. Aber die Baumberge als blauer Glücksort? Ja! Denn wer hier schon einmal gewandert ist, weiß, dass aus jeder Ecke das kühle Nass sprudelt. Fast könnte man die Baumberge als „Land der 1000 Quellen" bezeichnen. Okay, das wäre dann doch etwas übertrieben, denn so viele sind es nicht. Aber immerhin einige, liegen die Baumberge doch als Wasserscheide zwischen Rhein und Ems. Wer hätte das gedacht, die Baumberge als Quelle für viele Flüsse in Europa.

TIPP

Bei schlechtem Wetter bietet sich ein Besuch im Baumberger-Sandstein-Museum in Havixbeck an.

Hier entspringt die Stever und hier fließen viele Quellbäche in Nebenflüsse wie Berkel, Vechte und Hagenbach, diese strömen dann wiederum in die Ems, die Lippe, den Rhein und die IJssel in den Niederlanden. Viele dieser Quellen lassen sich unter dem grünen Dach der Bäume erwandern. Und wer gleich sieben auf einen Streich erobern will, kann sich zum Hexenpütt aufmachen. Wohin es einen auch immer verschlägt, schon an der nächsten Ecke könnte eine neue Quelle darauf warten, entdeckt zu werden.

Gerade im Frühjahr und Herbst ist eine Wanderung empfehlenswert, wenn die Quellläufe ausreichend Wasser führen. Wirklich geheimnisvoll wird es, wenn das Sonnenlicht durch das Blätterdach seine Strahlen auf das Wasser schickt und dort reflektiert. Wer Ruhe sucht, ist hier genau richtig. Nirgendwo ist man dem Quell des Lebens so nah wie an einer Wasserquelle. Und wie im Leben ist auch hier offen, was im Laufe der Zeit daraus wird. Ein Bach, ein Fluss und dann das große Meer. Wer weiß da schon, was das Leben noch so für einen bereithält?

● Quellgebiet Baumberge zwischen Nottuln, Tilbeck und Havixbeck, 48301 Nottuln

Edel aufgetischt

60 Fischrestaurant Jungmann in Hoetmar

Die münsterländische Küche ist reichhaltig und für ihre mal mehr, mal weniger deftigen Speisen bekannt. Dabei kommt natürlich auch Fisch auf den Tisch. In Hoetmar bei Warendorf liegt ein Glücksort, wo man sich voll und ganz den Delikatessen aus Neptuns Reich verschrieben hat. Etwas außerhalb gelegen, werden im Fischrestaurant Jungmann all diejenigen verwöhnt, die sich edle Fischgerichte auf der Zunge zergehen lassen möchten. Der Name steht gleichermaßen für Qualität und Tradition. Schließlich gibt es das Restaurant seit über 100 Jahren, zunächst als Schankwirtschaft, später als Landgasthof. Und seit 50 Jahren hat sich die Familie Jungmann Meeresspezialitäten auf die (Speise-)Karte geschrieben.

So kann man hier inmitten des Münsterlandes regionale Produkte kombiniert mit feinen Spezialitäten aus dem Atlantik und Pazifik genießen. Hausgemachte Meeresspezialitäten und Bioprodukte. Der Klassiker: Marseiller Bouillabaisse. Kurzum, Fisch nach jedermanns Gusto, ob gebraten, gekocht, gedünstet oder auch geräuchert. Und damit ist eines klar: Hier schmeckt der Fisch wirklich frisch und lecker. Das hat sich rumgesprochen, weshalb es sich empfiehlt, einen Tisch zu reservieren. Donnerstags gibt es übrigens „Fischbuffet am Tisch" – für all diejenigen, die sich nicht so recht entscheiden können und sich durchprobieren wollen. Essen für den Genuss. Und das gelingt am besten zusammen mit anderen. Gerade das gemeinsame Beisammensein macht ja beim Essen glücklich.

TIPP
Stets auch lohnend: die Fischbrathalle in Münsters Altstadt.

Wer nicht zum Fisch greifen möchte, wird hier ebenso fündig. Also Platz genommen auf der schönen Gartenterrasse mit altem Baumbestand oder bei Schietwetter auch am tollen maritimen Kapitänstisch, wenn dort noch ein Plätzchen frei ist. Alles ganz stilecht mit Fangnetzen, Gallionsfigur und Bullauge. Da fühlt man sich im tiefsten Westfalen gleich wie auf hoher See. Und bekanntlich isst das Auge ja mit. Regionalität meets die weite Welt der Gaumenfreuden. All das findet man im kleinen Hoetmar.

- Fischrestaurant Jungmann, Lentrup 25, 48231 Warendorf (Ortsteil Hoetmar), Tel. (0 25 85) 4 29, www.fischrestaurant-jungmann.de
- ÖPNV: Bus S35, Haltestelle Hoetmar Jungmann, Warendorf

Wilde Kreaturen

61 An der Venner-Moor-Brücke bei Senden

An diesem Glücksort rauscht man, wenn man nicht aufpasst, schnell vorbei. Einfach so. Ohne eine Notiz davon zu nehmen. Wer beispielsweise mit dem Auto unterwegs ist und die knapp 90 Meter lange und – passenderweise – blaue Brücke überquert, wird kaum wahrnehmen, was sich darunter verbirgt. Schon etwas bessere Chancen hat, wer den Kanal entlangradelt. Oder auch entlangschippert. Aber auch nur dann, wenn man den Blick nicht stur geradeaus hält, sondern ihn weitet und auch einmal nach links und rechts schaut. Auf der einen Seite finden sich Motive aus Münster und dem Münsterland. Und auf der anderen Seite trifft der Blick auf wilde Kreaturen, die da abgebildet sind. Auf dieser dem Venner Moor zugewandten Seite sind es allerlei tierische Gestalten, die einem beim Betrachten entgegenblicken: Schlange, Frosch, Echse und Dachs. Die Wahl der Motive erfolgte nicht von ungefähr. Von ganz offizieller Seite hatte man sich für Bilder von Tieren entschieden, die im angrenzenden Venner Moor heimisch sind, einem ehemaligen Hochmoor, das Teil der Davert ist, eines weitläufigen Waldgebiets südlich von Münster. Viele zieht es hierher zum Moor, auch wenn sich das heute nicht mehr von einer so geheimnisvollen Seite präsentiert wie zu Zeiten der münsterländischen Dichterin Annette von Droste-Hülshoff (1797–1848), die sich einst durch ein Moor zur Ballade „Der Knabe im Moor“ inspirieren ließ. Auf den Spuren der Schriftstellerin wandelt man übrigens auf der ebenfalls sehr sehenswerten Wasserburg Hülshoff in Havixbeck.

TIPP
Exkursionen ins Moor und zu anderen Plätzen in der Umgebung bietet das Portal Münsterland-Safaris.

Aber zurück zu den auffälligen Gestalten. Sie sind farbenfroh und tauchen vor allem unerwartet auf. Das ist ja genau das, was auch das Glück kennzeichnet: Glücksgefühle stellen sich meist ganz unverhofft ein und oft kommt das Glück auch sehr bunt daher. Und manchmal liegt es im Verborgenen. So lässt sich hier ein wenig über das Glück sinnieren, bevor man sich selbst vielleicht aufmacht, das Venner Moor und seine vielfältige Tierwelt zu erkunden.

- Venner-Moor-Brücke, Kappenberger Damm, 48163 Münster
- ÖPNV: Bus R41, Haltestelle Venne Brücke

lackaffen.de

Mit allen Sinnen

62 Der Apothekergarten in Weseke

Gesundheit, so heißt es ja oft, sei das Wichtigste. Was wäre, wenn es so etwas wie ein Glückskraut gäbe? Vielleicht wäre es sogar hier zu finden, im Apothekergarten direkt an der Holtbachquelle und dem dazugehörigen Teich in Weseke, wo auch das vor mehr als 100 Jahren erbaute Wellhäuschen über der Holtbachquelle steht. Das Häuschen diente mit seiner Pumpenanlage übrigens bis in die 1970er-Jahre hinein der Trinkwasserversorgung und sorgte so sicher auch für Glück. Nur wenige Schritte weiter am Teich liegt der Apothekergarten. Welch große Errungenschaften hat die Medizin über die Jahrhunderte erzielt und dabei hat sie ganz ohne Zweifel ebenfalls für unzählige Glücksmomente gesorgt.

Wer Informationen abseits von „Dr. Google" erhalten und etwas tiefer in die Geschichte der Arzneimittelkunde eintauchen möchte, vielleicht verbunden mit einem kurzweiligen Ausflug, ist hier im Apothekergarten genau richtig. Hier geht es über 4500 Jahre zurück in die Geschichte der Naturheilkunde, alles dargestellt in 21 Beeten. Die sind in einzelnen Segmenten spiralförmig angelegt, sodass Besucherinnen und Besucher von außen nach innen, von der Vergangenheit ins Heute geführt werden. Zahlreiche Tafeln mit Hintergrundinformationen stillen den Wissensdurst. Der Garten ist außerdem barrierefrei, einiges wird sogar in Brailleschrift erklärt. Paracelsus oder Hildegard von Bingen mögen einem da einfallen. Auch ihnen begegnet man hier. Aber natürlich gibt es noch viel mehr zu entdecken, zum Beispiel eine eigens eingerichtete Tast- und Riechgalerie mit Heilkräutern, die sich durch ihren besonderen Geschmack und Geruch auszeichnen. Happy sind all diejenigen, die hier die richtige Pflanze erkennen. Also warum nicht einmal die Düfte erschnuppern? Und sogar Anfassen ist hier ausdrücklich erlaubt. Wahrscheinlich kennt man mehr Pflanzen und Kräuter, als man meint. Es lohnt sich sehr, den Spaziergang etwas auszudehnen. Passend zum Gesundheitsthema findet sich gleich um die Ecke eine Kneippsche Wassertretanlage. Gesundheitsglück im Doppelpack.

TIPP

Wer schon einmal in der Nähe ist, sollte sich den Garten Picker nicht entgehen lassen.

- Apothekergarten, Hans-Sachs-Straße 16 (Heimathaus), 46325 Borken (Ortsteil Weseke), Tel. (01 57) 39 33 69 80, www.weseker-heimatverein.de
- ÖPNV: Bus R76, Haltestelle Weseke Evangelische Kirche, Borken (Westf)

Apothekergarten

Spinnen und weben

63 Das Textilwerk beidseitig der Aa in Bocholt

Ein Glücksort, der sich beiderseits eines Gewässers erstreckt? Auch keine Alltäglichkeit. Zu finden ist er in Bocholt, und zwar dies- und jenseits der Aa, je nachdem, aus welcher Richtung man kommt. Die Rede ist vom LWL-Museum Textilwerk. Verbindendes Element ist hier die Podiumsbrücke, die man zu Fuß oder per Rad überqueren kann. Die sehr ausladende Brücke über die Aa, die lange Zeit so etwas wie die Lebensader Bocholts war, verbindet die beiden Teile des Museums mit der Spinnerei auf der einen und der Weberei auf der anderen Seite. Dort lässt sich eine Zeit nachempfinden, die heute so fern erscheint. Und immer wieder begegnet einem auf die eine oder andere Weise das Thema Wasser. Etwa beim Besuch eines nachgebauten Arbeiterhauses. Wie lebten die Menschen damals und welche Rolle spielte das Wasser im Haus?

TIPP

Kaffee trinken mitten auf der Aa lässt sich im Café Sahne in der Innenstadt von Bocholt.

Was für uns heute eine Selbstverständlichkeit ist, war bis zu Beginn des 20. Jahrhunderts alles andere als normal: Jeder Tropfen Wasser musste umständlich von draußen geholt werden. Fließendes Wasser im Haus? Fehlanzeige. Entsprechend sparsam ging man damit um. Ein Aspekt, der mit Blick auf den Klimawandel heute wieder aktuell ist. Weiter geht es in eine für das westliche Münsterland so typische Baumwollweberei. Imposant ist die original historische Dampfmaschine von 1917. Sie wird hier noch in Gang gesetzt – inzwischen allerdings mit Strom –, um die zahlreichen Webstühle im Websaal zu betreiben. Es knattert also bisweilen im Takt der Maschinen. Ganz wie früher. Damals noch mit Wasser als der treibenden Kraft im Hintergrund.

Das Textilwerk zeichnet das Leben der Menschen und die Arbeit in der Fabrik überaus anschaulich nach. Gerade bei Führungen werden die damaligen Arbeitsbedingungen und -abläufe wirklich erleb- und hörbar. Für die Menschen früher boten die Fabriken ein Auskommen und waren damit wichtige Orte. In der Rückschau begreifen wir, dass jede Zeit ihre eigene Vorstellung von Glück hat.

● LWL-Museum Textilwerk – Spinnerei, Industriestraße 5, 46379 Bocholt; LWL-Museum Textilwerk – Weberei, Uhlandstraße 50, 46395 Bocholt, Tel. (0 28 71) 21 61 10, www.textilwerk.lwl.org

● ÖPNV: Bus 731, 751, R51, Haltestelle Am Kreuzberg

Plitsch, platsch

64 Der Wasserspielplatz im Südpark in Münster

Spiele aller Art erfreuen sich unglaublicher Beliebtheit, bei Jung und Alt gleichermaßen. Und Kinder schaffen sich ihre Glücksinseln sowieso meistens selbst. Da reichen mitunter schon ein großer Laubhaufen, eine Riesenpfütze oder ein paar Schubkarren Sand. Und schon tauchen sie ab in ihre eigene Welt, sind ganz im Spiel versunken. Beneidenswert, oder? Einfacher geht das, wenn ein Spielplatz in der Nähe ist, wo sich das jüngere Publikum vergnügt an allerlei Spielgeräten auslassen kann. Dabei darf – Achtung Wortspiel – auch gerne Wasser mit im Spiel sein. In Münster gibt es gleich mehrere Wasserspielplätze. Einer liegt beispielsweise im Allwetterzoo, einer am Bennohaus im Osten der Stadt und einer in der autofreien Siedlung Weißenburg im Süden. Ein weiterer findet sich zwischen Hammer Straße und Dahlweg im Südpark, der hier seit den 1970er-Jahren der Erholung dient. Dieser Wasserspielplatz kommt tatsächlich etwas anders daher.

Hier steht ganz und gar das Wasser im Mittelpunkt. Matschen im Sand? Fehlanzeige. Dafür finden sich aber die unterschiedlichsten Probier-mich-einfach-mal-aus-Apparaturen zum Erforschen und Entdecken und – ganz wichtig! – einfach zum Spaßhaben. Denn wie die einzelnen Geräte funktionieren, will erst einmal erkundet werden: etwa die Wipp-Saug-Pumpe oder der Fontänenhüpfer. Teils gelingt es nur gemeinsam, eines der Geräte zu bedienen. Und so ertappt man sich selbst in fortgeschrittenem Alter dabei, es vielleicht doch einmal zu wagen, den großen Zeh ins kühle Nass zu tauchen. Oder, wenn man sich wirklich traut, sich den drei Säulen zu nähern, die das Wasser in verschiedene Himmelsrichtungen spritzen lassen. Vielleicht mit einem „Singing in the Rain" auf den Lippen. Und so kann man die eigenen Akkus wieder ein wenig aufladen, um künftig vielleicht etwas spielerischer den Herausforderungen des Alltags zu begegnen.

- Wasserspielplatz im Südpark, Dahlweg 7 a, 48153 Münster
- ÖPNV: Bus 1, 9, Haltestelle St.-Joseph-Kirche

Wasserpower

65 Die Wasserkraftanlage in Rhede-Krechting

Das Blau der Anlage blättert schon ein wenig ab. Was nicht verwundert, handelt es sich hier doch nicht um ein aufs Trockendock gestelltes Museumsexponat, sondern um eine funktionierende Wasserkraftanlage. Und noch dazu um ein Exemplar, das sich ganz wunderbar zu einem blauen Glücksort küren lässt. Das allerdings nicht allein der Farbe wegen. Und auch nicht aufgrund ihrer Größe, die einen zum Staunen bringen könnte. Denn anders als die gigantischen Anlangen des Hoover Dams in den USA oder das Kraftwerk Eisernes Tor 1 an der Donau, Europas größtes Wasserkraftwerk, fällt die Wasserkraftanlage in Rhede-Krechting doch verhältnismäßig bescheiden aus. Nein, das Besondere ist etwas anderes: Direkt an der Aa-Radwanderroute gelegen und damit ein beliebtes Ausflugsziel, kann man hier ganz vortrefflich die Mechanik des Wasserkraftwerks mithilfe einer archimedischen Schraube beobachten; eine weitere Anlage dieser Art findet sich übrigens in Bocholt.

TIPP

Rund 3 Kilometer entfernt befindet sich das Naturschutzgebiet Versunken Bokelt.

Das Prinzip der Schneckenschraube kannte man bereits in der Antike. Sie ist so angelegt, dass Fische das Wasserwerk unbeschädigt flussabwärts passieren können. Gleich daneben gibt es in Ufernähe auch einen Fischpass, der vor allem die Wanderung der Flussbewohner der Bocholter Aa flussaufwärts erleichtert. Und einen sogar daran teilhaben lässt: Per QR-Code können Livebilder einer Unterwasserkamera abgerufen werden. Vielleicht hat man Glück und es lässt sich reges Treiben beobachten.

Schon früher stand an derselben Stelle eine Mühle, die bereits die Wasserkraft der Bocholter Aa zur Stromerzeugung nutzte. Heute kann die moderne Anlage etwa 240.000 Kilowattstunden erzeugen, was dem Strombedarf für bis zu 80 Haushalte im Jahr entspricht. Bewährte Techniken umweltfreundlich nutzen. Dafür ist die Anlage hier ein anschaulicher Beleg. Und genau darin liegt auch der Glücksmoment, erinnert sie doch daran, dass selbst kleine Maßnahmen ihre Wirkung entfalten können. Wie heißt es so schön: Steter Tropfen höhlt den Stein. Zum Glück, möchte man ergänzen.

- Wasserkraftanlage Krechting, Ecke Büngerner Straße/Rheder Straße, 46414 Rhede-Krechting, www.rhegionatur.de
- ÖPNV: Bus R51, Haltestelle Rhede Am Böwing

Unter Palmen

66 Sauna- & Wasserwelten Bahia in Bocholt

Um es gleich vorneweg zu sagen: Die Welt der Bahia auch nur ansatzweise beschreiben zu wollen, würde den Rahmen dieses Buches sprengen. Selbst der Begriff Vielfalt bleibt noch vergleichsweise blass. Wie schon im Namen deutlich wird, sind es gleich mehrere Welten, in die man hier eintauchen kann. Und bereits beim Anblick des Logos, das einen am Eingang begrüßt, entfaltet sich ein Spirit von Urlaub, Sonne, Strand und Meer. Was nicht von ungefähr kommt und überaus passend ist, bedeutet Bahia auf Deutsch doch „Badebucht". Doch mit einer einzigen Bucht ist es hier nicht getan.

Da sind einmal die Wasserwelten, ein Freizeitspaß für die gesamte Familie. Ob Erlebnis-, Aktions-, Tief- oder Außenbecken, hier findet jeder sein ganz persönliches Highlight. Im Aktionsbecken locken bei 32 Grad ein Strömungskanal, Massagedüsen und Wasserkanonen. Und im Erlebnisbecken ist Schwimmen angesagt. Zum Beispiel durch die Grotte unterm Wasserbaum. Geübte Schwimmer können im Tiefbecken unter dem Glasdach selbst bei Schietwetter fast wie unter freiem Himmel ihre Bahnen ziehen. Bei gutem Wetter geht es natürlich gleich nach draußen zum Außenbecken mit der großen Wasserrutsche. Der Begriff Erlebnisbad ist hier sicher keine Untertreibung.

TIPP

Erholung pur verspricht auch das Schwefelbad Steinbeck.

Von alldem abgetrennt und nur über eine Schleuse zu erreichen ist die Saunawelt, wobei man hier besser von Saunawelten sprechen sollte, die für sich allein bereits eine komplette Erlebnislandschaft sind. Da wird die Baumhaussauna im wahrsten Sinne des Wortes zum Hochgenuss und der Aufenthalt in der Westfälischen Sauna, der urigsten und zweifellos regionalsten Saunavariante, stilecht in Fachwerk präsentiert, zu einem Münsterlanderlebnis der besonderen Art. Die Aufgüsse? WM-Niveau! 2023 stellte das Bahia dazu immerhin eine Vize-Weltmeisterin. Wer etwas orientalisches Flair genießen möchte, bucht einen Aufenthalt im Hamam: Dampfbad plus rubbeliger Wellnessbehandlung. Wie heißt es doch? Ein Traum aus Schaum. Und danach einen Tee. Urlaubsfeeling pur.

● Sauna- & Wasserwelten Bahia, Hemdener Weg 169, 46399 Bocholt, Tel. (0 28 71) 27 26 60, www.bahia.de

● ÖPNV: Bus C11, T11, Haltestelle Bocholt Bahia Bad

Ganz verspielt

67

Der Volkspark in Epe

Sogar die Lokalzeitung titelte einst „Paradies ohne Besucher“. Da sollte man doch hellhörig werden. Nein, das Leben tobt hier nicht unbedingt. Allerdings muss das kein Nachteil sein. Ganz im Gegenteil, man sollte dem Volkspark unbedingt einen Besuch abstatten. Gerade bei einer Suche nach blauen Glücksorten, denn da entpuppt er sich gleich in mehrfacher Hinsicht als Geheimtipp.

Wer sich beispielsweise vom Eper Schützenplatz aufmacht, das Areal zu erkunden, den umgeben links die Eper-Umflut und rechts die Dinkel. Und geradeaus kommt ein eindrucksvoller Brunnen in den Blick. Drum herum wurde ein Rosengarten angelegt. Was die Aussage, der Park liege in einem Dornröschenschlaf, in gewisser Weise passend erscheinen lässt. Hier lohnt es sich, einmal innezuhalten. Eine freie Bank findet sich leicht, denn gerade dieser Teil des Parks wird überraschenderweise wenig besucht. Außer im Frühjahr, wenn die Kirschbäume hier zur Hochzeit der Blüte etwa ab Mitte April alle Blicke auf sich ziehen.

Eine Brücke führt schließlich zum weitaus größeren Teil des Parks auf der anderen Seite der Dinkel. Bereits 1926 wurde er von der damals noch selbstständigen Gemeinde Epe geschaffen, als grüne Oase für die Bevölkerung. Bei einem Spaziergang entdeckt man schon aus der Distanz einen weiteren Hingucker, den Ententeich, und dann vor allem die imposante Fontäne, die das Wasser des Teichs weit in die Luft schleudert. Hier kann es auch schon einmal etwas lauter zugehen. Ein Spielplatz für die Kleinen und eine Skateranlage sowie ein Bolzplatz für die Größeren dürfen natürlich nicht fehlen. Und wer Gefallen an dem vielfältigen Park gefunden hat: An der „Spielebox“ kann man digital über eine App für wenige Cent pro Stunde Equipment für Spiele aller Art ausleihen, ob Volleyball, Basketball oder Frisbee, Wikingerschach oder Sandspielzeug. Den Happinessfaktor gibt es kostenlos dazu.

TIPP

Eine digitale Spielebox ist auch im Ahauser Schlosspark zu finden.

● Eper Park, Sportplatz/Eper Park, 48599 Gronau (Ortsteil Epe)
www.eper-park.de
● ÖPNV: RB 51, Bahnhof Epe (Westf)

Blütenmeer im Moor

68

Der Seerosenteich im Schwattet Gatt

Seerosen erfreuen nicht nur Botaniker und Wassergartenfans. Auch Künstler wie Claude Monet haben sie augenscheinlich in ihren Bann gezogen. Er widmete ihnen sogar eine ganze Gemäldeserie, wobei er durch die Seerosen in seinem Garten in Givenchy (Frankreich) inspiriert wurde. Nun kann allerdings nicht jeder einen Teich mit einer solchen Pflanzenherrlichkeit sein Eigen nennen. Das Münsterland stellt eine wunderbare Alternative bereit, die im Sommer eine wahre Blütenpracht offenbart: der Seerosenteich im Schwattet Gatt, was ins Hochdeutsche übersetzt so viel heißt wie „Schwarzes Loch“. Wobei man hier sogleich auf die Idee kommen könnte, dass sich Gegensätze offenbar anziehen: Das schwarze Loch ist von einem Teppich aus weißen Seerosen bedeckt.

Die Seerose wurde schon im alten Ägypten als heilige Pflanze verehrt, steht sie doch als Symbol für die Schöpfungsgeschichte. Abends schließt sich die Blüte und morgens wird es wieder Licht und die Blüte öffnet sich. In Ägypten war es übrigens die Blaue Ägyptische Seerose, die man in Verbindung mit dem Sonnengott Ra brachte. Seerosen regen tatsächlich zum Nachdenken an, dem man sich bei einem Besuch hier ganz wunderbar hingegeben kann. Und dabei vielleicht auch darüber sinnieren, dass auf Dunkelheit stets wieder Helligkeit folgt, nicht nur im Rhythmus von Tag und Nacht, sondern auch im Laufe des eigenen Lebens. Oder dass es diesen schönen Pflanzen gelingt, immer wieder aus dem dunklen Wasser aufzusteigen, in voller Blüte zu stehen und zu begeistern. Vielleicht auch ein Bild dafür, dass es sich lohnt, Hindernisse und Schwierigkeiten zu überwinden und so dem eigenen Glück näherzukommen.

Der Seerosenteich lässt sich ganz bequem über einen Bohlenweg erreichen. Aber Vorsicht bei Sonnenschein: Da aalen sich gerne Salamander auf den heißen Holzplanken. Die Tierchen freuen sich über ein wenig Zeitvorsprung, um sich zu verstecken.

- Naturschutzgebiet Schwattet Gatt, 48691 Vreden
- ÖPNV: Bus B2, Haltestelle Lünten Bösenheide

Einfach blau machen

69 Die Fürstenkuhle bei Hochmoor

Hochmoor ist heute ein Ortsteil von Gescher. Der Name geht auf ein Moorgebiet zurück, das einst das größte Hochmoor in Westfalen bildete, das Weiße Venn. Das erstreckte sich ehemals auf einem ausgedehnten Gebiet zwischen Velen und Coesfeld. Nur wenig ist davon geblieben. Zwei Ausnahmen, die auch als Naturschutzgebiete ausgewiesen sind, gibt es.

Da ist einmal das Kuhlenvenn und zum anderen die Fürstenkuhle. Deren Name hat übrigens nichts mit dem Adel zu tun, sondern ist plattdeutschen Ursprungs und bedeutet Fuchsloch. Sich dorthin aufzumachen, hat immer seinen Reiz, vor allem aber in den Morgenstunden, wenn sich die ersten Sonnenstrahlen durch das Dickicht mühen. Wie heißt es doch: „Morgenstund hat Gold im Mund!" Es ist ein bisschen so, als setzte die Sonne alles ins rechte Licht. Spot on! Wie die Scheinwerfer in einem Filmstudio. Nur dass die Sonne sich nicht statisch an einen Punkt klammert. Es ist Bewegung drin. Mal dringen die Sonnenstrahlen durch ein feines Spinnennetz, das grazil zwischen zwei Bäumen zu schweben scheint, mal beleuchten sie Farne, Moose oder Pilze auf dem Boden. Das Licht führt einen auf eine Entdeckungstour. Spannender kann es kaum sein. Da überhört man auch den Verkehr von der nahe gelegenen Straße. Und dann ist man auch schon am Heideweiher. Zeit, einmal Platz zu nehmen. Die Fürstenkuhle gilt als kleines Juwel. Die Pflanzen- und Tierwelt ist in der Region und darüber hinaus einzigartig. Hier gibt es nicht nur den Rundblättrigen Sonnentau, eine fleischfressende Pflanze. Auch die Knoblauchkröten sind hier heimisch. Und der Moorfrosch. Eine echte Rarität. Die meiste Zeit im Jahr sieht er vergleichsweise unscheinbar aus. Braun und mit schwarzen Flecken auf der Haut ist er gut getarnt. Es sei denn, es ist Paarungszeit. Im Frühjahr und im Balzfieber schimmern die männlichen Exemplare in einem kräftigen Blau. Einfach mal blau machen. Wie passend. Und ein besonderes Naturerlebnis direkt vor der Haustür.

TIPP

Ein weiteres sehenswertes Naturschutzgebiet ist das Emsdettener Venn.

- Fürstenkuhle, Ecke Vogelkirschenweg 2, 48712 Gescher
www.naturschutz-gescher-hochmoor.de/fuerstenkuhle
- ÖPNV: Bus R51, R61, Haltestelle Hochmoor Pappelallee

Giganten der Weiden

70 Wasserbüffel zwischen Barlo und Burlo

Dass das Münsterland durchaus für Überraschungen gut ist, zeigt sich zwischen Barlo und Burlo. In der Regel erwartet man hier eher Pferde und Kühe oder Schafe und Ziegen auf den Weiden. Aber Wasserbüffel? Die sind doch ungewöhnlich für die Region. Anzutreffen sind einzelne Exemplare beispielsweise nahe der Quelle des Holtwicker Bachs und dem Burlo-Vardingholter Venn. Auch etwas weiter südlich von Rhede in der Büngernschen und Dingdener Heide und damit ganz am Rand des Münsterlandes sind sie zu finden. Und da stellt sich doch sogleich die Frage, was es damit wohl auf sich hat.

Die Tiere gehören zum Büffelhof Kragemann. Dort hat man sich ganz der Büffelzucht verschrieben. Auf rund 100 Exemplare ist die Herde inzwischen angewachsen. Und einige von ihnen sind auch hier anzutreffen. Wobei es richtig entspannend sein kann, den Tieren einfach nur zuzuschauen, wie sie dastehen oder sich auch mal im Tümpel aufhalten. Sie suhlen sich darin und halten so das Gewässer frei. Warum heißen Wasserbüffel schließlich Wasserbüffel? Und wahrlich stattlich sind sie. Nicht ohne Grund symbolisiert der Wasserbüffel als mythologisches Wesen Macht und Stärke. Augenfällig sind die langen Hörner einiger Tiere, deren Spannweite bis zu 2 Meter beträgt. Wasserbüffel kann man frei nach dem Motto „harte Schale, weicher Kern" beschreiben, sind es doch überaus sensible und gutmütige Tiere.

TIPP

Wer die Büffel live und hautnah erleben will: Der Büffelhof Kragemann bietet auch Exkursionen an.

Hier im Münsterland obliegt ihnen zugleich eine besondere Aufgabe. Als behufte Landschaftspfleger tragen sie in ausgewählten Gebieten dazu bei, dass Tümpel und andere Gewässer nicht zuwuchern, was wiederum dem Artenschutz zugutekommt. Wer mehr über die Faszination der Wasserbüffel erfahren möchte, schaut beim Büffelhof Kragemann in Barlo vorbei. Dort gibt es auch allerlei Kulinarisches zu entdecken, etwa leckeres Büffeleis oder Büffelmozzarella.

● Wasserbüffelwiese, Zum Venn, 46414 Rhede (am Burlo-Vardingholter Venn)

Auf Zeitreise

71 Rund um den Bagnosee in Steinfurt

Die zunehmende Digitalisierung versetzt längst nicht alle in eine Glücksstimmung. Aber es gibt auch Facetten, die tun das doch. Beispielsweise dort, wo sich die analoge Welt mit der digitalen verbindet. Etwa wenn man in der Natur unterwegs ist, im Bagno in Steinfurt.

Ein Spaziergang um den Bagnosee verspricht entspannende Glücksmomente. Und es gibt hier auch die Möglichkeit einer Zeit- oder Fantasiereise. Wie das klappt? Ganz einfach: Das Handy oder Tablet ist dieses Mal ein willkommener Begleiter. Ein Zeitsprung zurück in das Jahr 1790. Da sah es hier rund um den See völlig anders aus. Das Stadtmarketing Steinfurt hat diese alte Welt des Bagno virtuell wiederaufleben lassen. Und das per YouTube-Videos, die als kleine Reisebegleiter durch das Gelände dienen. Wer sich auf den Rundweg begibt und dazu beispielsweise am Wasserschloss Burgsteinfurt startet, kann viele Sehenswürdigkeiten, die sich hier damals den wohl staunenden Betrachtern boten, virtuell auferstehen lassen. 35 Stationen sind es insgesamt.

Graf Ludwig von Bentheim-Steinfurt hat sich seinerzeit zum Ziel gesetzt, einen riesigen Vergnügungspark mit vielerlei Attraktionen zu erschaffen und die weite, damals unbekannte Welt ins Münsterland zu holen: einen ägyptischen Turm, eine türkische Moschee, ein Palais, eine Brücke und eine Grotte im chinesischen Stil. Im See befanden sich fünf verschieden gestaltete Inseln, unter anderem die Ruineninsel und die Arioninsel. Auch ein riesiges Wasserrad war zu bewundern, das damals eine 28 Meter hohe Fontäne speiste. Heute ist von alldem nur noch der Teich übrig. Als Erstes aber entstand ein Badehaus – „Il Bagno" –, das dem Park seinen noch heute gebräuchlichen Namen gab. In die Ferne zu reisen, war früher für viele undenkbar. Heute zumindest virtuell ein wenig in die Vergangenheit zu reisen, ist ein Glückstreffer.

TIPP

Ein Highlight ist der erste Konzertsaal auf dem europäischen Kontinent, der 1772 erbaut wurde.

- Bagno, 48565 Steinfurt, www.steinfurt-touristik.de
- ÖPNV: Bus R73, R75, Haltestelle Burgsteinfurt Bagno

Perfekt unperfekt

72

Das Schloss in Senden

Vom Wasser umgeben, das trifft voll und ganz auf das Sendener Schloss zu. Nicht nur, dass dieses Kleinod bloß einen Steinwurf vom Dortmund-Ems-Kanal entfernt ist. Auch die Stever, der Mühlenbach und der Dümmer fließen nicht weit von hier. Zudem ist das Schloss selbst von einer Gräfte, also einem Wassergraben, umgeben. All das macht diesen Ort zu einem blauen Glücksort der Extraklasse. Und zu einem etwas untypischen obendrein.

Untypisch deshalb, weil hier vieles erst im Entstehen ist. Mal kein Wasserschloss, das sich fertig restauriert und strahlend schön zeigt. Eher perfekt unperfekt. Frei nach dem Motto „Der Weg ist das Ziel zum Glücklichsein". Und das Glück kennt in der Tat viele Wege. So wie auch verschiedene Baustile das Aussehen des Schlosses über die Jahrhunderte geprägt haben. Heute ist man live dabei, wenn Schritt für Schritt und in liebevoller Detailarbeit das alte Schloss ein neues Antlitz erhält. Wobei noch etwas hinzukommt. Denn dass dem Schloss zu neuer Blüte verholfen wird, ist in erster Linie der „Initiative Schloss Senden" zu verdanken. Sie ist darum bemüht, das Gebäude nach diversen Eigentümer- und Nutzungswechseln vor dem weiteren Verfall zu bewahren. Eine Mammutaufgabe, die mit viel Herzblut, Fantasie und Ideen angegangen wird. Und genau dieser Funke springt über.

TIPP

Der 5 Kilometer lange Wanderweg „Senden macht nass" führt auch am Schloss vorbei.

Das Sendener Schloss ist ein überaus beliebtes Ziel, und das nicht nur bei Radtouren entlang der bekannten 100-Schlösser-Route. Es gibt immer was zu entdecken. Nicht nur äußerlich wird fleißig gewerkelt, auch kulturell hat das Schloss so einiges zu bieten: Ausstellungen, Kunstprojekte, Lesungen, Konzerte und Vorträge aller Art. Ein Stehaufmännchen ist dieses Schloss. Kein Grund zur Sorge also, sollte mal ein Gerüst oder anderes Bauwerkzeug zu sehen sein. Am Glück muss man halt arbeiten. Übrigens ist es von hier auch nicht weit zu den Kanalterrassen in Senden. Ebenfalls ein Glücksspot. Dort kann man ganz entspannt die Beine ausstrecken und den großen Pötten beim Vorbeifahren zuschauen.

- Schloss Senden, Holtrup 3, 48308 Senden, Tel. (0 25 97) 9 39 92 70
www.schloss-senden.de
- ÖPNV: Bus B81, Haltestelle Sportpark

Wieder da!

73 Der Lambertibrunnen in Münster

Er ist zweifellos eines der Wahrzeichen der Stadt: der Lambertibrunnen auf dem Prinzipalmarkt zwischen der Salzstraße und der Lambertikirche mit ihren bekannten Wiedertäuferkörben am Turm. Rund 3 Jahre lag er trocken, was zu allerlei Missmut geführt hat. Seit dem Sommer 2023 sprudelt er nun wieder. Endlich. Der heutige Brunnen wurde im Jahr 1956 geschaffen, nachdem der Vorläufer, ein schmucker Brunnen von 1909, während des Zweiten Weltkriegs zerstört worden war. Kleine Anekdote am Rande: Beide Brunnen sind in besonderer Weise miteinander verbunden: Den jetzigen Brunnen schuf Heinrich Bäumer junior, der Vorgänger geht auf Heinrich Bäumer senior zurück. Ein Generationenprojekt, wenn man so will.

Hier an der Lambertikirche gab es immer schon Brunnen. Einer der bekanntesten war das Schweinetürmchen. Der Name kam daher, weil die Glocke oberhalb des Brunnens den Beginn des Schweinemarktes einläutete. Aber schon 1833 wurde das Bauwerk durch eine Wasserpumpe ersetzt. Was man nicht ganz unter den Tisch fallen lassen sollte, munkelte man damals doch, der Abriss des Schweinebrunnens würde Unglück über die Stadt bringen. Heute haben Brunnen natürlich eine ganz andere Bedeutung als anno dazumal. Für die Wasserversorgung spielen sie keine Rolle mehr. Oft sind sie beliebte Treffpunkte. Man kommt dort zusammen. Auch am Lambertibrunnen, und das nicht nur zu besonderen Anlässen wie dem traditionellen Lambertussingen, sondern auch im Alltag. Damit steht der Brunnen zugleich auch für ein Stück Lebensqualität, gerade im Sommer, wenn es sich rund um den Lambertibrunnen herrlich draußen sitzen lässt. Was hoffentlich so bleibt. Denn schon jetzt ist absehbar, dass eine umfassendere Sanierung notwendig wird. Überlegt wird auch eine Umgestaltung. Vielleicht erhält der Brunnen ja das Aussehen von 1909 zurück, etwas schmuckreicher und verzierter? Es bleibt spannend zu sehen, was hier noch so passieren wird. Blaues Glück im Wandel der Zeit im Herzen Münsters.

TIPP

Ein weiterer beliebter Brunnen: „Sketch for a Fountain" der New Yorker Künstlerin Nicole Eisenman.

- Lambertibrunnen, Lambertikirchplatz 5, 48143 Münster
- ÖPNV: Bus 1, 9, Haltestelle Prinzipalmarkt

Kleiner Grenzverkehr

74 Rick's Vis in Gronau und Overdinkel

Grenzenlos genießen. Das ist das Motto im Rick's Vis, dem wohl einzigen Restaurant, das in zwei Ländern liegt: Ein Teil befindet sich im münsterländischen Gronau und der andere in Overdinkel, in der niederländischen Region Twente. Die Regionen Twente und Münsterland standen sich schon immer nahe. Und das nicht nur in geografischer Hinsicht.

Erklären lässt sich diese Grenzerfahrung auch durch die Geschichte des Hauses, die über 200 Jahre währt und über die man hier sinnieren kann. Grenzen? Mit denen nahm man es damals nicht so genau. Mal grasten die Kühe hier, mal da, immer dort, wo es grad am grünsten war. Ausweispapiere interessierten auch nicht wirklich jemanden. Und so kam es, dass hier an der Grenze zunächst ein Bauernhof entstand. Über die Jahrzehnte hinweg wurde viel umgestaltet. Jetzt steht hier ein Restaurant.

Geblieben sind noch einige ursprüngliche Holzbalken im inzwischen sehr modern anmutenden Gastraum. Wer sich den Schmuggel-Burger oder Smokkelburger, wie er hier heißt, bestellt, ist schon bei einem weiteren Thema. Eine kleine Reminiszenz an vergangene Tage. Die Gegend war nämlich auch ein beliebtes Schmugglerparadies, hier wurden Dinge für den täglichen Bedarf geschmuggelt: Kaffee, Kleidung oder Butter wurden oft illegal von einem Land zum anderen geschafft. Schon längst sind auch diesbezüglich die Grenzen gefallen. Grenzen zu überwinden, ist auch eine Art des Glücks. Womit wir wieder beim Anfang wären.

So kann man heute im Rick's Vis im wahrsten Sinne des Wortes grenzenlos genießen. Neben Fleischgerichten vom Grill vor allem, wie es der Name bereits verrät, allerlei Fischspezialitäten. Zugleich ist es auch ein bekanntes Fischgeschäft. Beim Menü geht man bewusst neue geschmackliche Wege und serviert Fisch zum Beispiel mit hausgemachter thailändischer Soße. Was man durchaus als Einladung zum Glück verstehen darf. Denn sich in Unbekanntes vorzuwagen, mal das eine oder andere auszuprobieren, ist eine wunderbare Möglichkeit, dem eigenen Glück etwas auf die Sprünge zu helfen.

- Rick's Vis, Overdinkelstraße 77 a, 48599 Gronau, Tel. +31 (5 32 31) 53 99
www.ricksvis.nl
- ÖPNV: Bus X80, Haltestelle Gronau Ruenberger Hof

Ab über die Aa!

75 Der Kletterwald Borken am Pröbstingsee

Nur fliegen ist ja bekanntlich schöner. Wie wäre es mit einem kurzen „Flug“ über die Bocholter Aa? Wer das gerne einmal ausprobieren möchte, sollte sich zum Kletterwald Borken am Pröbstingsee in Borken-Hoxfeld aufmachen. Der weitläufige Pröbstingsee mit seinen vielfältigen Freizeitangeboten ist immer ein lohnendes Ziel. Das Naherholungsgebiet bietet alles, was das Herz des Erholungssuchenden begehrt. Ein Wegenetz für ausgiebige Spaziergänge am Wasser und im Wald. Wassersport, Minigolf, Camping, einen Badestrand und Gastronomie. Oder auch den Planetenweg, auf dem in einem Verhältnis von 1 zu 1 Milliarde unser Sonnensystem maßstabsgetreu nachgebildet wird. Mal durch das Sonnensystem wandern und trotzdem auf dem Boden bleiben. Was für eine Idee!

TIPP

Die Josef-Bresser-Sternwarte bietet mehrmals im Monat Himmelsbeobachtungen an.

Nicht auf dem Boden bleibt, wer sich nur wenig abseits vom See in die Lüfte begibt und den Kletterwald besucht. Auf verschiedenen Kletterparcours ist hier für alle der richtige Schwierigkeitsgrad dabei. Bis hinauf in 15 Meter Höhe geht es. Auf 1350 Meter Länge kann man sich weit oben durch den Wald navigieren und sich dabei fühlen wie Tarzan und Jane. Natürlich immer gut gesichert. Und dennoch: Was ist das für ein Glücksgefühl, wenn der eigene Schweinehund oder die Höhenangst besiegt werden konnte. Endorphine pur … Genauso wie für diejenigen, die durch den Baumkronen-, Power- oder Spezialist-Parcours kraxeln. Ganz nach eigenem Tempo, eigenem Gusto und überhaupt nach eigener Fasson.

Schließlich winkt noch die Seilrutsche, der „Flug“, über die Aa in 12 Meter Höhe. Das ist fast wie fliegen, oder? Glücksmomente in schwindelerregender Höhe, die selbst dann noch nachwirken, wenn man wieder festen Boden unter den Füßen hat. Einmal durchgeschüttelt, geht es weiter: Auf zu neuen Höhenflügen ...

- Kletterwald Borken, Pröbstinger Busch 16, 46325 Borken, Tel. (0 28 61) 60 43 30 www.kletterwald-borken.de
- ÖPNV: Bus S75, Haltestelle Rhedebrügge Ortsmitte

Reges Treiben

76 Rund um den Konferenz-der-Elemente-Brunnen

Buntes Markttreiben. Da kommt einem doch direkt der große Wochenmarkt mittwochs und samstags auf dem Domplatz in Münster in den Sinn. Für viele ist er mit mannigfachen Glücksgefühlen verbunden und sei es nur, um hier und da zu schauen und ein wenig miteinander zu klönen. Im ganzen Münsterland finden sich Märkte, die jeweils auf ihre eigene Art Atmosphäre versprühen und manchmal nahe bei oder sogar direkt an einem blauen Glücksort liegen.
Ein Beispiel dafür ist der Wochenmarkt in Coesfeld, der jeden Dienstag und Freitag all diejenigen auf den Marktplatz lockt, die frische, knackige und regionale Produkte bevorzugen; samstags wird der Markt in der Fußgängerzone abgehalten. Als Sahnehäubchen obendrauf – oder in diesem Fall vielmehr mittendrin – ordnen sich die zahlreichen Stände rund um den Konferenz-der-Elemente-Brunnen an. Gestaltet wurde er 1990 vom Bildhauer Jürgen Goertz. Bekannt ist der Künstler für seine Werke aus Bronze und anderen Materialien. Hier treten die vier Elemente Feuer, Erde, Luft und Wasser in einen Dialog. Dabei lässt die Darstellung viele Interpretationen zu. Eine Auflösung hat der Künstler selbst nie geliefert. Das bleibt selbstredend der eigenen Fantasie überlassen. Was bedeutet es, in seinem eigenen Element zu sein? Wo macht uns der Dialog mit anderen glücklich? Wo sind vielleicht aber auch Grenzen zu spüren? Und so wird ein Besuch des Wochenmarktes unverhofft zu einer Reise zu sich selbst.
Übrigens findet hier nicht nur regelmäßig der Wochenmarkt statt, sondern einmal im Monat (bis auf die Wintermonate) auch der Krammarkt und natürlich – Münsterlandfans sollten aufhorchen – am Ursulawochenende im Oktober ein mehrtägiges Marktgeschehen mit historischem Markt: der große Ursula-Krammarkt. Und für die kleine Erfrischung zwischendurch steht gleich um die Ecke vor dem Rathaus ein Trinkwasserbrunnen.

TIPP

Ebenfalls vom Künstler Jürgen Goertz gestaltet wurde der Janusbrunnen auf dem Marktplatz von Borken.

- Markt und Krammarkt Coesfeld, Markt 5, 48653 Coesfeld, www.coesfeld.de
- ÖPNV: Bus R62, Haltestelle Coesfeld Lambertikirche

77 Das Museum für Naturkunde in Münster

Der Aasee in Münster ist gesetzt. Natürlich! Eine Institution und eine feste Größe. Der künstlich angelegte See ist nicht nur das größte Naherholungsgebiet der Stadt, er wurde auch schon als Europas schönster Park des Jahres gekürt. Und man könnte wohl mit Leichtigkeit dem Aasee wie auch seinem näheren Umfeld ein ganzes Buch mit blauen Glücksorten widmen. Mit dazugehören würde auch das LWL-Museum für Naturkunde mit Planetarium.

Wer nach einem ausgedehnten Spaziergang um den Aasee oder nach einer entspannten Zeit an seinem Ufer noch etwas tiefer in Wasserwelten einsteigen möchte, macht sich am besten direkt zum Museum auf. Hier offenbaren sich einem mehr Bezüge zum Thema Wasser, als man vielleicht glaubt. Das beginnt schon damit, dass das Museum, das sich in Sichtweite zum Allwetterzoo und dem Freilichtmuseum Mühlenhof befindet, am kleinen Gievenbach liegt. Dieser fließt weiter durch den Zoo und erreicht sein Ziel schließlich im Münsterschen Aasee, der wirklich nur einen (Raub-)Katzensprung vom Museum entfernt ist. Und hier im Museum selbst begegnet man spannenden Geschöpfen, die es heute gar nicht mehr gibt: etwa dem Fossil eines Schwimmsauriers. Vor Jahrmillionen schwammen diese aquatischen Riesenreptilien durch die Meere. Staunen lässt einen auch das Skelett eines Pottwals.

Zugleich befasst sich das Museum mit dem Thema Wasser- und Meeresverschmutzung. Regional wird es bei einem Ausstellungsbereich über die Ems, digital und zum Mitmachen. Ja selbst das modernisierte Planetarium präsentiert sich auf seine Art als Teil eines blauen Glücksortes, sind doch die Gezeitenkräfte und Tiden der Ozeane vom Lauf des Mondes, der Sonne und der Erddrehung abhängig. Spannend, wie alles mit allem zusammenhängt. Eindrücke, die auf jeden Fall bleiben. Und die nicht nur dafür sensibilisieren, wie fragil das Glück manchmal sein kann, sondern auch zeigen, wie nötig es ist, gerade blaue Glücksorte aller Art zu erhalten.

TIPP

Ebenfalls vom LWL betreut wird das Heilige Meer in Hörstel.

● LWL-Museum für Naturkunde mit Planetarium, Sentruper Straße 285, 48161 Münster, Tel. (02 51) 5 91 05, www.lwl-naturkundemuseum-muenster.de
● ÖPNV: Bus 14, Haltestelle Zoo/LWL-Naturkundemuseum

Sonnige Aussichten

78 Abendstimmung am Bach in Raesfeld

Raesfeld, etwas südlich von Borken gelegen, ist vor allem für sein Wasserschloss bekannt. Keine Frage, Schloss Raesfeld ist ein wirklich schmuckes Kleinod mit einer langen und bewegten Geschichte. Auch der angrenzende Tiergarten mit dem Weinbergteich, dem Langen Teich und dem Ottoteich erfreuen alle, die naturverbunden sind. Doch nur die wenigsten werden wohl die Zeit für einen ausgiebigen Spaziergang durch den Park nutzen. Wer den Tiergarten jedoch komplett längs durchwandert und auf der anderen Seite wieder verlässt, wird auf einen einladenden Glücksort ganz eigener Art treffen.

Hier am Lehmbrockweg gleich neben dem Mühlenbach stehen die Reste einer ehemaligen Wassermühle. Eine Ruine, von der so gut wie gar nichts mehr erhalten ist. Viel ist auch nicht über die Mühle zu erfahren, außer dass es sich um die Überbleibsel einer Wassermühle handelt, die der damalige Schlossherr Graf Alexander Otto von Velen in den ersten Jahren des 18. Jahrhunderts erbauen ließ. Mehr muss man aber auch gar nicht wissen. Mal nicht sämtliche geschichtlichen Details zu kennen, kann durchaus auch glücklich machen.

Die Müh(l)e lohnt unter Glücksaspekten allemal einen Besuch. Eine Bank lädt ein, sich hier niederzulassen. Vor allem in den Sommermonaten und dann in den Abendstunden. Der Blick geht der untergehenden Sonne entgegen. Die Bank ist perfekt ausgerichtet. Und so gibt man sich ganz seinen Gedanken und seiner Fantasie hin. Wie mag das hier früher mal ausgesehen haben? Was für Geschichten mögen sich hier abgespielt haben? Wie es wohl gerochen hat? Es ist vergleichsweise still hier. Keine Fernstraße, die stört. Vielleicht kommt ein Auto vorbei, ansonsten nur Radler oder Jogger. Gelegentlich dringt noch ein Geräusch vom Mühlbach an das Ohr, bevor einen die Lethargie entspannt einlullt. Herrlich. Ein Ort, den man zumeist für sich allein hat. Bevor es dann irgendwann wieder weitergeht. Oder nein, vielleicht doch noch einen Moment hier verweilen …

● Ruine Historische Wassermühle, Lehmbrockweg 28 a, 46348 Raesfeld

Mehrfachglück

79 Ein Tag in und um Anholt herum

Das schöne Anholt zeigt sich mit Blick auf blaue Glücksorte als eine kleine Perle des Münsterlandes. Seit 1975 ist Anholt ein Stadtteil von Isselburg, wo viele blaue Glücksorte zu finden sind. Und doch ist Anholt auf seine Art etwas Besonderes, liegen hier doch die unterschiedlichsten blauen Glücksorte nahe beieinander.

Da ist natürlich an prominenter Stelle die Wasserburg Anholt zu nennen, auf die auch der Name des Ortes zurückzuführen ist. Sie zählt zu den imposantesten und malerischsten Wasserburgen des Münsterlandes. Sie ist so attraktiv, dass sie sich verschiedentlich schon als Filmkulisse in Szene setzen durfte. Kaum zu glauben, dass sie Mitte des vorigen Jahrhunderts größtenteils zerstört war. Heute beherbergt sie ein Hotel. Wer mag, kann gegen Eintritt auch den weitläufigen Park mit Insel und allerlei Wasserelementen besichtigen.

Weiter geht es zum Biotopwildpark Anholter Schweiz. Auf 6 Kilometer Wanderwegen lassen sich zahlreiche Tierarten bestaunen. Den Namen hat das Gebiet nicht etwa aufgrund hoher Berge bekommen, sondern wegen des auf einer Insel liegenden „Schweizer Häuschens“. Bereits 1893 wurde es im Schweizer Stil erbaut. Die Insel samt Häuschen, das im Münsterland tatsächlich etwas kurios anmutet, befindet sich inmitten einer Nachbildung des berühmten Vierwaldstättersees. Reisen in die Schweiz waren seinerzeit *en vogue,* was lag also näher, als sich ein Stückchen davon ins Münsterland zu holen? Ein Glücksimport gewissermaßen. Wer sich Anholt näher anschaut, sollte neben einem Abstecher zum historischen Rathaus mit Brunnen und einer Eisdiele nebenan unbedingt einen kurzen Halt an der Dicken Eiche von 1540 machen, einer Sehenswürdigkeit der Stadt, die direkt an einem Wassergraben steht. An der Rundbank lädt eine Tafel ewig Reisende dazu ein, Beschwerliches dem Baum anzuvertrauen und einen Wunsch zu formulieren. Was für eine schöne Glücksidee.

TIPP

Wer der Lauschtour-App folgt, findet in der Nähe der Dicken Eiche einen Lauschpunkt zum Eiskeller.

● Isselburg (Stadtteil Anholt), 46419 Isselburg

Karibik am Kanal

80 Beachclub und Marina in Fuestrup

Zugegeben, das ist sicher kein Geheim- oder Insidertipp, aber vielleicht gerade deshalb einer der besten Orte, um dem Alltag zu entfliehen, abzuschalten und etwas Beach- und Hafenfeeling mitten im Münsterland zu spüren. Nicht weit vom Natur- und Wasserparadies der Rieselfelder entfernt, direkt am Dortmund-Ems-Kanal, findet sich ein überaus lauschiger Glücksort. Wer die Schilder zur Fährverbindung Dover–Calais entdeckt, ist richtig; allein diese kleine Seilfähre ist schon ein Hingucker. Von Münster, Greven oder auch von Telgte aus ist dieser Spot auf einer entspannten Tour mit dem Fahrrad gut zu erreichen. Daher ist er auch ein gern genutzter Anlaufpunkt nach Feierabend. Und wer von weiter anreist und dazu nicht die eigene Jacht nutzt: Camping mit dem Wohnmobil ist auch möglich.

Ursprünglich einmal als Jachthafen gegründet, hat sich dieser Flecken in den letzten Jahren stetig weiterentwickelt. Keine Frage, er kommt nicht so mondän daher wie Monaco. Aber das würde auch nicht zum Münsterland passen. Dann doch lieber eine gewisse Bodenständigkeit. Eine allseits beliebte Anlaufstelle ist der Beachclub. Und zwar mit allem Drum und Dran: Gastronomie, Palmenstrand, Feuerstelle, Liegestühle und dem Blick auf den Kanal. So lässt sich mit einem Cocktail in der Hand kurzerhand münsterländische Karibik genießen.

Überhaupt, wer sagt denn, dass es hier beständig regnet? Nein, auch im Münsterland kann die Sonne scheinen – und das nicht zu knapp. Dann verwandelt sich dieser Ort genau zur richtigen Location. Und, by the way: In Schale werfen muss man sich hier für seinen Cocktail nicht. Shorts und Hawaiihemd reichen völlig. Selbst Silberhochzeiten wurden hier schon im legendären 1980er-Retro-Magnum-Hawaii-Outfit gefeiert, wie man sich aus überaus verlässlicher Quelle zuflüstert. Wenn das mal kein wirklicher Glücksort ist. Jetzt aber erst einmal einen Sundowner. Was will man mehr?

- Fuestrup Marina, Fuestruper Straße 37, 48268 Greven, Tel. (0 25 71) 38 96
www.fuestrup.de
- ÖPNV: Bus 255, Haltestelle Kanalüberführung

Amérie
Amérie
MÜNSTERLÄNDER APERITIF

Bibliografische Informationen der Deutschen Nationalbibliothek
Die Deutsche Nationalbibliothek verzeichnet diese Publikation in der Deutschen Nationalbibliografie; detaillierte bibliografische Daten sind im Internet über http://dnb.d-nb.de abrufbar.

Konzeption/Satz: Droste Verlag, Düsseldorf
Einbandgestaltung und Illustrationen: Britta Rungwerth, Düsseldorf, unter Verwendung von Bildern von © Fotolia.com: jd – photodesign.de; © iStock: Plociennik Robert
Fotos: André Niedostadek, außer: EWG Rheine (S. 15); Jammertal Resort (S. 89); Edmund Koberg (S. 115); Sauna- und Wasserwelten Bahia (S. 139)
Textlektorat: Julia Lorenzer, Rohrdorf

FSC
www.fsc.org
MIX
Papier | Fördert gute Waldnutzung
FSC® C011279

Druck und Bindung: LUC GmbH, Greven
ISBN 978-3-7700-2544-2

www.droste-verlag.de